Hieronymus Anton Jarisch

Heimatsklänge

Eine Sammlung von Gedichten in der Mundart der Deutschen in

Nordböhmen und Schlesien. Dritte Auflage

Hieronymus Anton Jarisch

Heimatsklänge
Eine Sammlung von Gedichten in der Mundart der Deutschen in Nordböhmen und Schlesien. Dritte Auflage

ISBN/EAN: 9783337320652

Hergestellt in Europa, USA, Kanada, Australien, Japan

Cover: Foto ©Thomas Meinert / pixelio.de

Weitere Bücher finden Sie auf **www.hansebooks.com**

Heimatsklänge.

Eine Sammlung von Gedichten

in

der Mundart

der

Deutschen in Nordböhmen und Schlesien.

Herausgegeben

von

Dr. Anton Jarisch,

k. k. Schulrath und Stadtdechant von Komotau.

Dritte verbesserte und vermehrte Auflage.

Wien, 1870.

Verlag, Druck und Papier von L. Sommer u. Comp

Debitirt durch Ferdinand Klemm.

Motto: Wer's Haus nicht liebt, wo seine Wiege stand,
Und sei's im Dörfchen, noch so klein,
Der liebt fürwahr auch nicht sein Vaterland,
Wird überall ein Fremdling sein.

Wie der Wellen Geschwätz im blumigen Bache
So klingt mir die freundliche Muttersprache.
Sie mahnt an den Frühling des Lebens so mild,
Und wecket im Herzen sein freundliches Bild.
D'rum hör' ich gar gerne ihr trauliches Wort,
Es mahnet so sanft an den heimischen Ort.

Jarisch.

Vorbemerkung.

Eine Sammlung von Gedichten in deutsch-böhmischer, besser gesagt nordböhmischer Mundart überreiche ich hiermit den geneigten Lesern.

Wem vielleicht so ein Beginnen überflüssig oder nutzlos scheint, dem sei Folgendes zur Antwort gesagt:

1. Wenn es sich der Erd- und Ortsbeschreiber (der Geo- und Topografe) zur Aufgabe stellt, alle Merkwürdigkeiten der Länder und Orte aufzuzählen, so sollte man meinen, gehörte es ins Bereich seiner Bestrebungen, auch der daselbst herrschenden Sprachen zu gedenken; denn die Sprache ist doch zweifelsohne eine der größten Merkwürdigkeiten der Bewohner eines Landes, eines Ortes. Es wäre aber — das ist ersichtlich — sogar vom Ortsbeschreiber (Topografen) unstreitig zu viel verlangt, sollte er den Dialekt eines jeden Ortes, besonders in Deutsch-

land — genau zergliedert anführen. Diese Aufgabe bleibt Andern zu lösen, und sei hiermit theilweise angestrebt.

Zu verwerfen ist also ein solches Bestreben keineswegs; dann liegt es

2. im Interesse unserer Sprache selbst. Wenn ich dieses Wort ausspreche, so überfällt mich ein solcher Schwall von Gedanken, daß ich nicht weiß, welchem aus ihnen ich den ersten und welchem den weitesten Platz einräumen soll. Es gibt da Gedanken der Erbitterung, Gedanken der Freude. — Sage jeder Deutsche, der es mit seiner Nation, mit seiner Muttersprache ehrlich meint, ob sich nicht jeder Tropfen Bluts empört, wenn man, abgesehen von den Lanzen fremdsprachlicher Don-Quixotte-Helden, sogar Deutsche ihre Pfeile gegen die eigene Muttersprache richten und abdrücken sieht. So ein Verrath am Heiligthume der Nation ist zehnfach schändlich. Und dazu gehören besonders jene eitlen Gecken, welche, nachdem sie eine oder einige fremde Sprachen sprechen gelernt haben, der eigenen Muttersprache, in der sie oft am wenigsten bewandert sind, höhnische Gesichter machen.

Weit entfernt liegt mir der geringste Tadel

gegen jene, welche sich fremde Sprachen aneignen, ja es ist im Gegentheile ein besonderer, unbestreitbarer Vorzug und Nutzen, mit Menschen der verschiedensten Sprachen umgehen zu können; doch das sage ich aber: Thust du das Eine, so vergiß das Andere nicht.

Schändlicher aber als die Angriffe gegen unsere Muttersprache ist es, wenn Deutsche, da sie den Spott oder Schimpf hören, ihre Deutsche-Michel-Schlafmützen immer tiefer unter die Ohren herabziehen und solchem Gebaren nicht entgegentreten, ja vielleicht gar mitlästern.

Ich will hier nicht nach Art gewisser Fantasten, welche das Wort auszusprechen sich nicht entblödeten: „Unsere Stammältern haben schon im Paradiese unsere Sprache gesprochen,“ nicht nach Art Anderer, welche geblendet von vermeinten oder wirklichen Vorzügen ihrer eigenen Sprache, gewöhnlich alles Vorzügliche der fremden übersehen, — behaupten, als sei ihre Sprache die Sprache der Engel und Adams oder der Urstock aller anderen; aber die Behauptung, daß jede Sprache ihre Vorzüge und Gebrechen habe, und daß man bei Beurtheilung derselben nicht die Vorzüge der einen den Gebrechen der andern entgegenstellen soll — wird gewiß kein Vernünftiger für unvernünftig finden.

Und somit sage ich kurzweg: Die deutsche Sprache hat Vorzüge, viele, sehr viele Vorzüge, darunter solche, welche fast keine andere Sprache aufzuweisen hat.

Es kann hier nicht verlangt werden, daß ich alle aufzähle, ja im Gegentheile, ich verschweige alle übrigen und nenne nur den einen, der hier gerade zur Sache gehört, und dieser ist der Vorzug der deutschen Sprache, daß sie eben so viele Dialekte und Mundarten hat. Rühmt man an der griechischen den jonischen, dorischen, attischen Dialekt, warum sollen die Mundarten der deutschen Sprache ihr zum Nachtheil gereichen? — Abgesehen davon, daß sie dadurch eben ihr Alterthum deutlich beurkundet, beweist sie auch ihre Festigkeit und Kraft. Keiner Sprache ist es eigen, daß ihre Worte auf so vielerlei Art gesprochen, doch verstanden werden. Spreche der Italiener sein geschlossenes o statt des offenen, der Franzose seine verschiedenen e-, s- und i-Laute oder verfehle er die Zusammenziehung (z. B. vous avez und vous savez) zu geschweigen der englischen Sprache u. dgl., — so wird man zugestehen müssen, daß ein äußerst fein gebildetes Ohr dazu gehöre, um diese feinen Unterschiede zu bemerken. Der Deutsche spricht sein Vater, Voter, Vatter, Vader, Votta, Vouder, Vodr, und versteht immer Vater Mutter, Muder, Muetter, Mutta u. dgl. Ebenso in der Schreibart. Die verfehlteste Schreibung versteht der Deutsche; lasse den Franzosen, Engländer, Italiener, so auch den Slaven arge Fehler begehen, so wird es kein Mensch verstehen, was das Geschriebene bedeute.

Die nachfolgenden Gedichte werden Obengesagtes beweisen. Lese man sie gut vor, so wird sie jeder, wenn er auch das reinste Deutsch spricht, verstehen. Doch genug.

Was hat denn diese Sammlung weiter für Nutzen und Zweck? So weit es mir möglich war, habe ich die Schreibung der reinen Sprache beibehalten und angepaßt; daher wird dieselbe vielleicht auf den Ursprung manches Wortes zurückführen. Ferner zeigt sie einige Dialekte der deutschen Sprache, und macht auf die angenehmste Weise Viele, welche (als Priester, Beamte, Handelsleute u. s. w.) in jene Gegenden kommen, mit denselben bekannt.

Der Hauptzweck dieser Sammlung ist: meinen lieben Landsleuten zu zeigen, wie lieb unsere Muttersprache klingt, wenn sie in Verse und Reime gebracht ist, also ihnen ein Vergnügen zu bereiten und damit ist doch auch etwas geschehen. Auch suchte ich einige uralte Gedichte der Vergessenheit zu entziehen.

Wir kennen bis jetzt Gedichte in den verschiedensten Dialekten der deutschen Sprache, besonders im schwäbischen, preußischen, österreichischen, steierischen, sächsischen u. dgl., aber noch keines im sogenannten deutsch-böhmischen. Somit steht diese Sammlung als die erste und einzige da und dürfte als solche gewiß willkommen sein.

Somit genug. Das Uebrige, was dieser Ansicht fehlt, ersetze der liebe Leser selbst, dem ich nur das sage, daß die erste Auflage dieser Gedichte sich der besten Aufnahme erfreuen durfte, so daß ich eine zweite und jetzt schon eine dritte folgen lasse.

Also, lieber deutsch-böhmischer Landsmann, und du, lieber deutscher Freund, freuen dich diese Gedichte, so freut's auch deinen Landsmann

Jarisch.

Ej Brief ei meine lieben Landsleute.

Lieben Landsleute!

Non hob ich ej Büchl geschrieben, und hob 's o drucken lossen, s seyn e poor Getichte ei unser Sprouche aus uralder, alder und neuester Zeit. Ich hob o sal er e poor getichtt. Ich muß 's jitz schun 's zwejtemoul drucken lussen, weil der erste Druck wag is. Mer hejßt dos de zwejte Uflоge. 's sein e Poor neue Sachen derbei. Eb se recht sein, wejß 'ch nie, dos mißt Ihr erst sahn, wie se Euch gefolln. Hauptsächlich fer Euch hob ich se bestimmt.

Ich hob se gesommelt und geschrieben, doß de Walt o sieht und hört, wie schüne unse Sprouche klingt. Mir hon gar nie Ursache, uns zu scham, denn fers erste is unse Sprouche ej Aldertum. Su hon de Teutschen schun ver e poor hundert Juhren geredt, und mier beweisen mit unser Sprouche grode, doß mer rachte Deutsche seyn. Denn huchdeutsch kon jeder larn, jeder kon huchdeutsch sprachen. Mier küns schon o, ober mier sprachen o unse deutsche Muttersprouche under ejnander und dou beweisen mer aben, daß mer an Teutschen racht derhejme sein. Unse Sprouche is su de deutsche Haussprouche.

Se is ober o de Harzenssprouche. Ihr wißts gar nie su, wir's 'n Harze wuhl thut, wemmer ai der Fremde is, und mer hürt de Sprouche der Landsleute, dou huppts Harze ai de Hieh, wie ej jungs Zickl; 's Gesichte verliert olle Falden, wemmer grode gramlich wär, und de Ogen fang on zu funkeln, wie Starne. — Muttersprouche bleibt Muttersprouche! Dernouchern is o das schiene. Wemmer ai su enner Stoodt, wie Wiena, uf ejmoul en Landsmon rejden hört, dou spitzt mer de Uhren. Mer kennt' 'n Vougel glai an Gesange. Mer muß glai wissen, wu er har is, aus wechen Dorfe, ober aus wecher Stoodt. Thäten olle huchdeutsch rejden, su wär dos Olles nie. Mer säße nste naben en Landsmonne, dar viel Tausend Grisse vu derheime ai der Gappse hout und ar könntse nie auspacken.

Unse Sprouche is de Harzenssprouche. Wenn jetz zehnmoul enner huchdeutsch soot: „Es freut mich herzlich, Sie wieder zu sehen. Dieses Vergnügen hätte ich mir heute doch nicht geträumt," su klingts lange nie so harzlich, os wenn ej Landsmon en de Hand drückt und soot: „Na nu die Frejde, doß ich Sie sah, die konn ich nie aussprachen. Dos hätt ich do nie gedacht. Dos wär mer nie an Trome aifum. Nu wie gichts denn, wos machen Se denn, wu sain Se denn, wu woun Se denn?"

Ihr kennt ju dos Sprüchwort: „Uiberole gut, derhejme an besten." Wemmer ai der Fremde en Landsmon trifft, und naben ihn sitzt und 'n reiden hört, dou denkt mer, mer is wingstens holb derhejme.

Ich hos vurhin gesot, daß mer nie Ursache hon, uis ver unser Sprouche zu scham. De Sprouchmejster sohn olle, doß eine Sprouche hübsch is, wenn se racht viel a, o, u, ou hout. Na nu, wenn dos is — und dos is o, dou muß unse Sprouche ejne der schünsten seyn. Laßt og die Raime, die ich gesommelt ho, dou wardt er's glei hüren.

Unse Sprouche is o eine rechtschoffene Sprouche. Ich muß immer lachen, wenn ich die franzejsche Sprouche su louben höre, und o de englische. Dos wärn mer meine Sprouchen! Bei der franzejschen muß mer erscht zahn Buchstaben verschling, eb mer en Laut aussprachen konn, z. B. ce est moi do spricht mer: Zemoa und so weiter. De Sprouche is wie s Vulk, der Franzouse macht o viel Wind, und 's is nischt derhinder. Der Engländer is ej Lügenteufel, dos beweist o saine Sprouche Dar schreibt, wejß Gout wos, und spricht wos ganz anders. Zum Exempel; Neighbour schreibt er und Nebr spricht er, nature schreibt er uud Nätschtr spricht er. (Nebr hejßt Nupper und Nätschr Natur.) Der Tscheche machts o bald nie viel besser, dar schreibt r und spricht rsch. Dos lussen mer uns nou gefolln.

Dou seyn mier Teutschen ganz anders. Wie mer denken, reid'n mer, wie mer schreiben, sprachen mer'sch aus. Wie ufn Harzr, su uf der Zunge, wie ufn Popiere, su de Sprouche.

Doch genung dervoune.

Ich ho das Bichl drucken lussen, erscht fer de Landsleute, doß se ejne Frejoe hon; dernouchrn fer Andere, doß se wissen, wie mer bei uns rejdn. Dou ducht ich: Es sein schun Getichte ai der östreichischen, baierschen, schwabschen, preuschen, sakschen Sprouche gedruckt wurden, worum sülln denn mir suwos nie hon? — Ich möchte wissen. Nischt dou. Meine Landsleute sain wul nou Leute die o wos galden, und an ganzen Biemerlande is kejne Gegend so wichtich, wie unse deutschbiemsche.

Wenn die Gedichte vielleicht o anderen Leuten nie gefolln, wos thuts? Uns gefolln se Ich ho nie lauter spaßche genumm, sunst dechten die Leute, un se Sprouche is og zun Gelächter. Nej, nischt doß. Mier künn uns o arnst und flennerhoftich ausdrücken.

Jitz muß ich schlissen, sunst wirds Popier zu klejne. En schünn Gruß ai olle Deutschbiehm. Ich lusse ollen sohn, wenn se ende nou mej siche Getichte wissen, sülln su og so gut sain, und sülln mer se schicken uf der Pust. 's kon sain, mier breng noch ej sich's Bichel zomm. Ich war o noch e Poor probiren. Ich wünsche dos Bichel ai jedes Haus ols Ondenken.

Ich verblaibe Euer Euch, wenn o vun Gesichte unbekannter, doch

Euch

harzlich guder Landsmon

Dr. Jarisch.

Der verliebte Honns.

(Im Warnsdorfer Dialekte.)

Schün Liesel guckt mich gor ne on,
Und 'ch bin do g'wieß a hübscher Mon,
Se schoibt og su douhar ver mir,
Os wenn kej Honns an Dorfe wier [1]).

Ich bin err do su schracklich gutt:
A' G'sichtl houts, wie Milch und Blutt;
Su weech, dos gleebt mer sicherlich,
Seyn Schulzens [2]) sommtne Housen nich.

Salt unser Kermst ho 'ch keene Ruh,
's gieht tulle al man Kuppe zu:
Wu's hotte ziehn sou, ziehts tschihi [3]),
Ich bin der ahlde Honns nie mieh [4]).

---

[1]) wäre. [2]) Richters, der Richter hieß dort, besonders in der Reichenberger Gegend: Schulze. [3]) hotto, tschihi, Lenkworte der Bauern, hotto — rechts, tschihi — links, der Satz soll sagen: Es geht alles verkehrt. [4]) nicht mehr.

Mei Voter, dar dervon nischt weeß,
Dar macht meer maichmol grausom heeß
Und frout [1]) mich ufte frank und frei,
Ob ich verhext und narrisch sei.

Uft ho ich stott'n Sottel holt
's Kummt 'n Pfarde ufgeschnollt,
Dou flickt ha [2]) moichen darben Puf
Mir brummich über d'Uhren nuf.

E' Bissel spuckt mers under'n Hutt,
Ich bien hald 'n Liesl gor zu gutt:
Su gutt, su gutt, ich weeß ne wie,
Och! brouten ließ ich mich fer sie.

Jo, os amoul an vurchen Johr
Bei ihren Nupper [3]) Foier wor
Dou hätt ichs lieber garne g'sahn,
's Unglück wär bei ihr geschahn.

Und doß se dou ai ihren Bett
Os wie a Rotz geschloufen hätt',
Bis Olles, — Olles rejne schier
Ai vullen Flomm' g'standen wier.

Dou wier ich hortich hingerannt,
Und hätt 'ch mer o'n Pelz verbrannt,
Nai hätt ich müssen, hätt se ogefaßt
Und 'rausgetrohn, aus wier'sch gewaſt.

---

[1]) fragt. [2]) er. [3]) Nachbar.

Du hätt' ich under Wags geschickt
Ihr nou a Schmotzel ufgeflickt,
Und hätt gesoht: Nu Liesel sieh,
Wie gutt, wie harzlich gutt 'ch der bi.

Gout sais gekloot [1]), 's hout ne gebrannt,
Und Honns is ou ne hingerannt,
Und 's Liesel schoibt [2]) douhar ver mir,
Os eb kee Honns an Dorfe wier.

(Aus Joachim Liebisch's Blüthenkranz.)

---

[1]) geklagt. [2]) sie schiebt daher, sie eilt vorüber, ohne auf etwas zu achten.

Derr Heirotsontrag.

(Im Leiper Dialekte.)

Du, Nejsel, hür mich ejmoul on,
'ʃ drickt zu sehr uf'n Harzen,
Ich muß derr heute olles sohn,
Ich kons nimmej [1]) verschmarzen.
Ob'r, Neisl, schlou mer's ju nie ob:
Du weßts, wie ich dich garne hob.

'ch kons nimmej enden [2]) ohne dir,
'ch mog arbten [3]) ober schlofen.
's verdrisst mich's ganza Laben schier,
Aus der Walt 'naus mecht ich lofen,

---

[1]) nicht mehr. [2]) ich kanns nicht mehr vollenden, nicht mehr aushalten. [3]) arbeiten, ober — oder.

Schlejst [1]) du mer meine Bitte ob,
Dou welt [2]) ich glei, ich fiel eis Grob.

Du wessts [3]), ich kon en Gruschen Gald
Mid'n Hampriche [4]) mir verdien'n,
Mir houts ai Nischt'n nou gefahlt,
En Fatzen ho ich onzeziehen:
'ch bin kej Verthuer, ho gesport,
Ho kejne schlachte Labensort.

Poor Gilden ho 'ch mer zomgelejt [5]),
Ward's Mejsterstücke machen;
's is Olles, Olles schun g'rejt,
Sugor de Bräutchensachen; [6])
's is Olles fertich, bis uf dich;
Nu so's, mei Nejsl, mogste [7]) mich?

Man Voter, meine Mutter o
Ho ich dervou [8]) beschieden;
Glei sohten olle Beide: Jo!
Mit dar sein mier [9]) zufrieden!
Wenn sie dich mog, uns is ganz racht,
Hür, Franz, dei Gusto is nie schlacht.

---

[1]) Schlägst. [2]) wollte. [3]) weißt es. [4]) Handwerk. [5]) zusammengelegt, gespart. [6]) Bräutigamssachen. [7]) magst du? [8]) davon. [9]) sind wir.

Sie is geschait, gesund und frumm,
Is tichtich uf'n Morkta, [1])
Hout immer sich zusomm genumm,
Wie sie de Wirthschaft besorgta.
Sisst! [2]) ich und d'Eldern lieben dich:
Nu, soh's oa, Rejsl, mogste mich?

's Reisl hängt 'n Koup und spielt
'ne Weil an Schirzenbandl,
Guckt rüm und nümm, und seufzt und schielt,
's war ju kej schlachter Handl. —
„Soh's, Rejsl, jitzund frank und frei;
Dou hoste d'Hand! Gieh, gieh, schlou ai."

's Rejsel kunde [3]) gor nischt sohn:
Mit Frejden hout se aigeschlon [4]).

Jarisch.

---

[1]) Da Leipa eine außerordentlich gewerbsreiche und gewerbsfleißige Stadt und es zugleich Regel ist, daß die Frauen die Märkte beziehen, so gehört es zu den Haupteigenschaften einer Braut, daß sie eine gute „Marktgeherin" ist. [2]) Siehst du. [3]) konnte [4]) eingeschlagen.

Dispput eines nossadler Bauers mit einem Doktor der Filosofie *.)

Von P. W. Frost.

Ich bin froilich og a Bauersmon,
A simpler und a schlichter; doch dos, was ich kon,
Sucht Niemand ai mir: jo, der Richter salber spricht:
„Honnswanzl, su tumm os ihr aussaht, seyd ihr nicht,
Hätt' ihr g'studirt, ihr würd't wos Anders treiben,
Und nie mit der Mistgobl ai der Mistlacke schraiben."

Ich will mich zwor nie prohln, denn war immer prohlt
Is sicher an Kuppe ej Wissl vernohlt [1]).
Doch dos muß mer jedweder sicher nouchsohn,
Doß ich viel mejer [2]), ols Brud assen kon,

---

*) Dieses originelle, in seiner Art ausgezeichnete Gedicht ist in Abschriften so verbreitet, daß es jedem lieb sein wird, es in dieser Sammlung gedruckt zu finden.

[1]) vernagelt. [2]) mehr, der kann mehr als Brod essen, ein Sprichwort, um einen gescheiten Menschen zu bezeichnen.

Es werd mich wul su leichte Niemand onschmieren,
Ich wi 'ch zum Exempl og ej Beispiel oführen:
Vurgestern do fuhr ich ais Hosenrevier —
Mei Fald heißt su — ich hotte die Uchsen bei mir,
Und ackerte dort 'n Kornstuppel üm:
Dou kom euch ej Mon an Puschrande rüm,
Und grod uf mich zu. Ich hult glai stille
Und lachte schun vu Weiten über dan seine Brille.
Ich duchte: Ar bout wull vier Ogen dar Mon? —
Ich soh'n vier Glejser uf der Nose trohn;
Zwe weiße, zwe grine, de weißn vuron,
Dos Ding bing mit Houken an Uhrwaschel dro [1]),
Uem 'n Hols dou hott' ar en Gurt, und dan Battl
Heßens ai der Stodt, wenns racht is, Kurwattl.
De Sunne hout mich so tichtich gebrannt,
Und doch hot ar laderne Handschken [2]) ai der Hand;
Sai Frak wor uben uffa, unden zu,
Stotts Stiefeln trug ar Strimp und Schuh'.
De Waden, die worn su schmachtich und klejne,
Wie e Poor schmachtiche Ruthkathelbejne.
Ich stutzte, wos dos fer ej Dinkerich [3]) sei,
Doß ej Geliehrter wor, dos ducht 'ch mer glai.
Ober vu wecher Bransch, dos wußt ich nie:

---

[1]) Ohrmuschel, Ohr. [2]) Handschuhe. [3]) Von Sachen fragt man: Was ist das für ein Ding, von Personen wird das Wort: Dinkerich, Dingerich meist im höhnischen, verwundernden, befremdenden Tone gebraucht.

Eb ar studirt uf Dukter oder Jurie,
Eb ar ej Dullewatscher [1]) oder Schriftgelahrter,
Oder ej Sprochmejster oder ej Prukerater [2]).
Nu fiel mers bald ei man Kuppe ai:
Mogs wos immer für a Karle sain,
Du mußt'n doch beühren, wie sichs gebührt,
Monnieren hoxt dich ju doch dai Voter geliehrt.
Ich blieb stiehn, ho de Mütze ai de Hand genumm'n,
Und sproch: „Herr Kollega, sein se schiemlkumm!“ [3])
Ich denk, ar wird rosend, wie ar dos hürt,
„Wißt ihr nicht“ — schrie ar, — „wos sich gebürht?
Kollega, mir ein Bauer, o ihr Grobian!
Ihr Flegel, das that mir noch Niemand an!
Kollega, mir ein Bauer, das heißt doh was wagen,
Kollega, könnt ihr eueren Oschen sagen!“
„War said ihr?“ — fiel ich 'n ais Wurt glei ain, —
Wohrhostich Ihr misst ej grußer Herr sein,
Doß Ihr dos: Kollega nie laiden wullt.
Mainer Sar! [4]) ai mir lait [5]) nie de Schuld,
Doß ihr su derbust [6]) seid. Ich bitt mer's zu melden,
Wie ich soll betitteln en su grußen Helden?
„Ein Filosoff!“ sproch ar stulz und huchgelahrt!
Ich sohta; [7]) „Dou sait ihr's 'n frailich nie warth,
Daß ich oich ho ousangs Kollega genannt.
Ich hotte schun andere Harrn under der Hand,

---

[1]) Dollmetscher. [2]) Prokurator heißt dort jeder Advokat. [3]) Schön willkommen. [4]) Meiner Sir, meiner Sechs. [5]) liegt. [6]) erbost. [7]) sagte.

Nou grüssre os oich; dan wors ongelegen,
Wemmer [1]) se hout betittelt: Kollegen!
Don fuhr ich fahrten [2]) zwe Dukter der Medizin
Uf man Stoierwaul [3]) fort nocher Perlin;
Die worn gegen enander gor sehr kumplessant,
Und doch hoan se enander Kollegen genannt:
Nu docht 'ch, wie sich su gruße Harrn ausdrücken,
Dos werd sich wull o fer en Pauersmon schicken."
Dou wor ar getippt [4]) dar lusguschiche Herr,
Und sog ain, der Bauer is ou nie leer.
Vu dar Zait har hielt ar mich nimmej fer dumm,
Und hout sich des zu enner Witzche [5]) genumm.
Denn ai oller Monnier thot ar zu mir sprachen,
„Eb ich's ne wejß, wie weit se noch Jungbunzl rachen."
„Dos hout gude Wage," [6]) — soht ich, — „verzaiht
Herr Filosof, ihr hot schun nou Zait;
Mir hon schun ufte vu Filosofen gered't.
Ich sote immer, wenn 'ch og en emoul ver mir hätt,
Ich mocht garne froun [7]), die Harrn mügen
Ampersch [8]) viel wissen, oder viel lügen."
„O ja!" — soht ar — „Alles weiß die Filosofi,"
Und rimpste sai dirres Nosl ai de Hieh,
Ar fing o zu schwobbeln [9]) bald huch und bald tief,
Daß mer schun fost de Gänschaut iberlief.

---

[1]) Wenn man. [2]) voriges Jahr. [3]) Steuerwägelchen. [4]) getroffen, betroffen, geschlagen. [5]) Witzigung, Warnung. [6]) es hat gute Wege, es hat Zeit. [7]) fragen. [8]) entweder. [9]) schwabbeln, plaudern.

Erscht hort 'ch 'n über a Positiv hodern,
Dernouchern[1]) fing ar on über Zwackn zu schnodern,
Zuletzt kom ar ai en tiefen Grund,
„De Walt“ — sproch ar, — „de Walt is kugelrund,
Uf der Arde ümgekehrten Saita
Giehn glai o, wie bei uns uben, Leuta,“
O 'n Moundn hout ar nie verschuhnt,
Dar is glai o, wie de Arde, bewuhnt.
De winzchen Starul sain su groß,
Doß mer sich tausend Arden z'sommdenken muß.
Dernouchern fing ar on de Sprouchen harzurachn,
Die ar glai olle kon auswendich sprachn.
Dou ducht ich: Hout dar nie ej Radl zu viel,
Su houts Niemand. Ar will
Mer'sch[2]) weiß machen, doß de Sun stieht,
„Herr Filosof,“ sot ich, „zieht og, zieht.
Dos ward't 'r mir ai Ewigkeit nie demonstriren,
Doß sich de Sunne nie thut vom Fläcke rühren.“
„Dos ist sicher, daß die Erde um die Sonne kreist,“
Sproch ar. „Gut,“ soht ich, „wenn Ihr mer'sch bewaist,
Daß, wenn ich ackre, Pflug und Uchsen stiehn,
Doß ober der Ardbouden thut vurwerts giehn,
Dernouchern[3]) ward ich o dan Globen oich schenken,
Doß sich die Arde im de Sunne thut schwenken.“
Dou sproch ar: „Main Lieber, das seht ihr ja,
Daß die Ochsen gehn auf dem Acker da.“

---

[1]) Hernach. [2]) Mir es. [3]) Hernach.

Dou soht ich: „Herr Filosof, ober schau,
Doß de Arde stieht, dos sah ich halt au.
Die Sunne macht täglich ejne hibsche Strecke
Und mir bleiben halt immer ufn olden Flecke."
    Dos war freilich ej tüchtcher Hieb,
Dar'n uf der Stelle ais Bouksborn trieb.
Ich ließ ober nie aus: „Dos sah ich nie ain,
Doß unter uns" — soht ich — „o Loite sain."
„Dos glaubt nur," — sproch har — „ich hab es gelesen,
Es sind ja Leute schon dort gewesen."
„Dos glejbt der Henker," soht ich ihn;
„Wenn se mid'n Füssen uben stiehn,
Mid'n Kuppe underwärts, müssen se solln,
Und mid'n Kuppe zuvure rollen."
„O nein," soht har, „laßt die Natur dafür walten,
Es muß ja die Erde die Leut an sich halten."
„O wenns su is," soht ich 'n druf,
Und sperrte mei Maul ejne Ehle wait uf,
„Dou künnt ihr o uf der Mauer giehn,
So werd oich o onziehn, ober uf der Stubendecke stiehn,
Ward't err mir uf der Stubendecke frai schwaben,
Dou gleib ichs o, daß under uns Loite laben."
    Dou hott ich'n wieder de Gusche gestuppt,
Fer dos, doß ar mich su hotte gefuppt.
    „Doß der Mounden," soht ich, „o Loite hätt',
Dou hott err mir wull eine Nose gedreht!" —
„Vai Laibe nicht," — soht ar — „auch das hab ich gelesen,
Daß sich im Monde befinden ganz eigene Wesen!"

„Jo wenn ihrs su nahmt, dou konns schon sain.
Dou stimm ich mit oich ju ganz überain.
„Eigne Wesen," die künn schun dort sain,
Dou wend ich gar nischt dergegen ain,
Is ju unser Koup viel klenner ols der Munden,
Und doch ho ich schun uft eigne Wesen druffe gefunden."
Dou wor har racht tichtich gezwippelt, und
Machte Agen wir mai schackcher Hund,
Wenn 'n de Kotze mid'n Pratzl hejbt [1])
„A Norr," — sot i — „dar dos glejbt,
Doß de Starne su gruß sain wie tausend Arden,
Wenn se zusomm uf en Hausen getron warden."
„Armer Mensch!" sprach ar — „dou urtheilt ihr schief.
Man sieht sie ja so groß durch das Perspektiv."
Ah, kümmts dou raus, — docht ich — und sproch:
„Ich gleibs itz schun; ober Herr, och!
Bai uns sain de Flühe su gruß, manner Ahre,
Su gruß wie grußmächtiche Huppefare"
„Wie Hüpfepferde, wie Heuschrecken? — Nein,"
Sproch ar, „das kann nicht möglich seyn."
„Dos is," — soht ich — „su sicher und gewiß,
Os e Starnel grüßer als unsere Arde is.
Ich guckte halt o durch de Sperpektivprille
Ufn Fluch und ar wor wie die grüßte Faldgrille."
Itz wor ar erscht mürbe und tüchtich gewischt.
Dou brucht ar de Sprouchen alle ufgetischt.

[1]) haut, schlägt (heibt mit Hieb verwandt).

Und prohlte, doß ar olle mejglichen spricht.
Ich sote: „Mai Herr, dos glejb ich nicht!
Künnt err mit viern Sprochen o alle Loita furen,
Su verstitt err holt doch ne de Sproche manner Uchsen.
Wos hejßt dos: „Hotto, Tschihi, hotto!“
Dou sog ha' vun Kuppe bis zum Füssen mich o.
„Nu,“ sproch ich — „ihr hot nou nie die Sproche kapiert,
Die maine Uchsen schun lange hon aistudirt?“
Nu wurd ar biese und hleß mich besoffen,
„Denkt nur,“ sproch ar — „ihr sprecht mit einem Filosoffen.“
„War is ej Filosoff?“ frout ich 'n ze Flaiß.
Ar sproch: „Nur jener, der Alles weiß.“
„Dou müssen de Waiber,“ — fiel ich ihm ain, —
„Die alden Waiber o Filosoffen sain,
Denn de verrunzelten Heren müssen
Olles, wos an Dorfe vorgieht, wissen.“
„Du Bauernspatz,“ — sot ar — „du Hasenfuß,
Sag mir, wie weit ich nach Jungbunzlau gehen muß?“
Ich sproch: „Wenn ihr ols Filosoff olles wisst,
Dou wart ihr o wissen, wie weit os bis Jungbunzl is.“
Dou krotzte ar aus. Mit Fluchen und Sappermantiren,
Hört ichn über mai Fald nüber tschaschiren.
Ich bin freilich og a Bauersmon,
A simpler und schlichter, doch dos, wos ich kon,
Sucht Niemand ai mir; jo der Richter salber spricht:
„Hounswanzl, su tumm, als ihr aussaht, seyd ihr nicht.
Hätt ihr g'studirt, würd't err wos Anders treiben,
Os mit der Mistgobel ai der Mistlacke schreiben.“

———

's Wejsenkind.

(Im Leiper Dialekte.)

Ihr guden Leute, saht meine Nuth!
    Derbormt euch iber mich,
Meine Aldern sein schun lange tud,
    Ej ormes Wejsenkind bin ich.
Kenn Voter ho ich, dar mer gibt
    Zu assen, wenn ich hungrich bin:
Kejne Mutter, die mich Orm'a liebt,
    's liegen Bejde schun an Grobe drin.
Ich wor ollerscht [1]) sechs Juhre ald,
    Dou storben Bejde glai:
Sie logen uf der Bohre kald
    Und bloss; ich stond derbai

---

[1]) erst, allererst.

Und flennte, [1]) und Olle flennten mit.
Dos wejß ich nou, uft denk ich dron,
Ich kunnt nie giehn, o nie en Schried,
Zum Grobe honn se mich getrohn. —
Jitz gieh ich su allejne rüm,
Kej Mensch will halfen mir,
O lieber Gott an Himmel, nimm
Mich armes Kind zu Dir! —
Man Voter mecht ich wieder sahn,
Ar war su gutt, hott mich su lieb,
Und kunnt ar mir wos Hibsches gahn,
Wenn 'ch fleißich larnte ober schrieb,
Dou brucht ar Bildl, Büchl ollerlej,
Ich ormes Kind, ich ho kenn Voter mej! —
Och, maine Muter wor su gutt,
De ejnzche Frejde wor ich ihr;
Wie hout se mich besorgt, behütt,
Se larnt o's Baten mir:
s: „Vater unser, und 'n Glauben,“
Und: „Engel Gottes, Hitter mein,“
Und: „Heilche Barbra, edle Braut,“
Und: O. Maria, Jungfrau rein!“
Ich bats racht ufte, sacht und laut,
Vulst [2]) wenn ich hungrich bin.
Vam Baten denk ich immer noch,
Och hätt' ich maine Eldern doch!

---

[1]) Flennte [2]) Vollends.

'ș is Winter jitz, ich ho, och wejß
Kenn Schuch, keun Strump an Fissen,
Kej Bette, wu ich mich niederlejß,
'ch ward grußen Hunger leiden müssen.
Derbormt euch, Leute, derbormt euch og! [1])
Hott ihr wos Alds, ſu gatts og mir,
Ho kejne Housen, ho kenn Rock.
Och, waiſt mich nie vu eurer Thür,
Gout wirds euch ju vergalden.
Ich armes Kind muß batteln giehn,
Im 's Biſſel Brud onhalden.
Saht og, wie ſchwach, wie mott ich bin;
Ho Hunger ſchunt und Schmarzen.
Halft og, ihr hott ju gude Harzen.
(Eine Leiper Frau.) „Wos notſchſte [2]) denn, du Klenner dou?
Gieh rai, gieh rai [3]) ai de Stuba,
Fer dich hommer [4]) o zu aſſen nou;
Dou iß die worme Supa,
's is heute ju derbermlich kalt,
Derfriert ju unſerenner [5]) bald.
Wu biſt denn har, du Klenner, ha?" [6])
„Ich bin ej ormes Wejſenkind,
Ho kejne Aldern mei." „Na, na,
Dou flenn og nie, bis ſtilla, [7])
Du blaibſt bai uns, 's is Gottes Willa,

---

[1]) nur. [2]) weinſt Du. [3]) geh herein. [4]) haben wir [5]) unſer einer. [6]) ha? wird faſt zu jeder Frage geſetzt. [7]) ſei ſtill.

Denn wos mer 'n orm'n Wejsen thut,
Druf unsern Herrgouts Sejgen ruht. —
Wann d' arbten [1]) willst und orntlich sain,
Warn mier schunt fer dich sorgen,
Denn wos mer thut 'n Waiselain,
Dos thut mer unsen Herrgout borgen,
Und dar, dar zohlts an Himmel aus,
Und sej gut Kind, und Fald und Haus."

Jarisch.

---

[1]) arbeiten.

's Billardspiel.

(Ein sehr altes Gedicht.)

Mei Voter, salich, houts gesoot:
Die grußen Harren ai der Stoodt
Die sain schun olle holb verwerrt,
Und 'ch glejb, ar hout sich ne geerrt.

Os 'ch mit man Nubber, Gevotter Stoor,
Zun G'honnesfest ai Prouga wor,
Dou ho ich's mit ejgen Ogen gesahn,
Wos de Karln fer narsche Ding ongahn.

Dou kwom[1]) ich vur ej grußes Haus,
Dou guckten Branntweinfloschen raus,
Ich ging wull nai, 's kwom grod ej Rahn[2]),
Ich luß mer ej Glasl Schnopps Kimmel gan[3]).

---

[1]) kam. [2]) Regen. [3]) geben.

Dort ai dar Stube, dou stond ej Tisch,
Dar su gruß os wie mai Scheunthur is,
Und drüber wor oich a grün Tuch gezerrt.
De Karln sprong drim, os wir verwerrt.

Dou worn o Löcher üm und üm,
Dou hongen gruße Säcke drüm,
Und o dan Sackeln Glöckel gor:
Ich kon 'ch 's ne sohn, wie naksch [1]) des wor.

Und uf dan Tische logen nou
De Kauln [2]), weiß, ruth und gaal und blou,
Dernaben soozen uf der Bank
Oich Karln mit Knitteln ehlenlang.

Und zwiene [3]) stonden horte dro
An Tische mit dan Knitteln, jo,
Und sprangen immer hie und har,
Os wie die Kotz üms heiße Schmar.

De spitzchen Dremmel lejten [4]) sie
Gar uf'n Daum, und fuhren hie
Und har, und wußten sich su ze stelln,
Os wenn se Zeischen [5]) stachen wöll'n.

Der eene machts erscht wunderlich,
Ar sprong ai d' Hieh und lejte sich
Gor uf'n Bauch, os wir a Baar,
Und rackt ej Bejn vu hinden har.

---

[1]) neckisch, spaßig. [2]) Kugeln. [3]) Zween, zwei. [4]) legten. [5]) Zeisige.

Ar zielte lange, eh ar schuß;
Uf eemol ober ging 's 'n lus,
Und ai de Kaulen stieß ar nai,
Os wir mal Honns an Hierschebrai.

Dou wor o su el Junge derbai,
Dar macht a ferchterhoft's Geschrai,
Uf jeden Stuß, dou zejlt ar wos:
Nu soot mersch og, wos hieß wul dos? —

Und os ha nu genung geschrien,
Dou soh 'ch 'n zu enn Bratl giehn,
Dou schrieb ar oich a Strichel dro,
Und fung vun Noin [1]) zu brüll n o.

Su ging das Ding nou lange furt,
Die Karln, die redtn 'ch nich a Wurt,
Und sprongen, ohn' amoul zu ruhn,
Os müßten se' es zu Housa thun [2]).
Doch endlich ai der Demmerung
Dou hotten sie's 'n doch genung,
Ich glejb, es kunde kenner mieh,
Drüm worfen 's ou de Knittel hie.

Se nohm'n de Hüit' und goben nu,
Dan Jung'n nou Gald fer's Schrain derzu,
Und rannten druf zun Luche [3]) naus:
Dou wor der ganze Trejdel [4]) aus.

---

[1]) vom Neuen. [2]) zu Hofe thun, so viel als robothen.
[3]) zur Thüre hinaus. [4]) Trödel, Spektakel.

Und nu, ihr Loite, frou ich halt:
Gibts nou wo Tullers uf der Walt?
Jo jo, de Stodtkarln sain verwerrt,
Mai Voter, salich, hout ne geerrt.

's Dunnerwater.

(In Leiper Mund- und Denkart.)

Is dos ej Sturmkr! dos ocht, dos braust,
De Tramer knostern olle,
Am Pusche drüben der Sturmwind saust,
Und Bejmer [1]) brengts zun Folle;
'N Stob [2]) treibts uf, mer kon nie sahn,
Hilf Gout, dos wird ej Water gan! [3])

Und schworze Wulken thermts al de Hieh,
Wie ejne dicke Mauer,
Und ängstlich treibt sai liebes Vieh
Zun Stolle hejm der Pauer,
De Schwolm [4]), die fliegen har und hin,
De Wulken immer hiecher ziehn.

---

[1]) Bäume. [2]) Staub. [3]) geben. [4]) Schwalben.

Vu weiten murrts schunt ferchterlich,
'S plitzt grimmich ai en Thune [1]),
Uns'r Herrgout og derborme sich,
Und uns ver Unglück schune.
Kummt, Kinder, baten, kummt, gat Acht,
Mier kriegen heut ejne biese Nacht.

Sieh, Mutter, zünd de Kerze on,
Lies 's Johanneseifangejlie! —
Herr Jesses, jitz houts aigeschlon, [2])
Gout sai uns Ollen gnädich.
Uf ejmoul krochten Blitz und Schlag,
's is ju, ols wär der jüngste Tag.

Pachschworz is ju der Himmel ganz,
Und Blitz uf Blitz fährt nieder,
Kummt, Kinder, batt'n Rusenkranz!
Och Gout! jitz schlejts [3]) schun wieder
Ai deine Hände, mai liebstes Gut,
Befahl ich mich ai Angst und Nuth.

Macht's Kreuze, Kinder, 's Water leucht!
Vertraut uf Gout Sai Willa
Der soll geschahn zu oller Zeit. —
Der Sturm, dar is jitz stilla;
Gott Loub, jitz fängts schun on zu rahn, [4])
Bald wammers [5]) nimmej [6]) plitzen sahn.

---

[1]) in Einem Thun, in Einem fort. [2]) eingeschlagen.
[3]) schlägts. [4]) regnen. [5]) werden wirs. [6]) nicht mehr.

Is dos ej Water, Gout derborm
Sich über olle Leute,
Die jitz und uf der Strouße sain,
Gout stieh'n zu der Seite!
Wie s rahnt, wie 's dunnert schauderlich!
Wies plitzt und watert, 's is ferchterlich.

Nu kümmer [1]) schloufen giehn und ruhn,
Der Rahn [2]) kühlt ob de Hitze,
's zieht ais Gebirge, 's theilt sich schun,
Og mott noch zucken Blitze.
Es klärt sich uf, der Mound kümmt 'raus,
Gott Loub, ar schützte Stoodt und Haus.

Jarlsch.

---

[1]) können wir. [2]) der Regen.

Frou Nubberin!

Gedicht von Joach. Liebich.

(In Warnsdorfer, Rumburger Mundart)

Frou Nubberin! [1])

Es is nu schun a Jahrel üm,
Daß ich oich ho geschrieben,
Ihr said mer zwor, 'ch weeß nix worüm?
De Antwurt schül'ch [2]) geblieben;
Na, nu, Ihr meints do aben gutt,
Wenn Ihr mer o nej schraiben thut,
Drüm luß mersch [3]) o nej fahlen,
Und bleiben do de Ahlen. [4])

Und weil mer halt de Ahlen sain,
Schreib ich ufs Noie wieder,
Und schraib a Dutzend Kinderain
Ganz noigebacken nieder.

---

[1]) Nachbarin. [2]) schuldig. [3]) lassen wir's. [4]) Alten.

Zwor ging es fahrten [1]) wacker zeh,
Doch hoier giehts, o Jemine!
Üm zahn Perzente schlimmer.
Doch dos thut uns nej kümmern.

Do luß ich mich bai ollen dan
Gewiß nie fejge finden,
Und warde mich, dos ward't ihr sahn,
Aus ollen Kräften schinden, [2])
Üm oich mit sächs bis sieben Dutz
Der schönsten Raime ufgestutzt,
Zum Rotschen [3]) oder Lachen
Mai Houkuspoukus machen.

Zum Angebinde schick ich dou,
Zwe Schalchel [4]) oich aus Meißen,
Ich weeß, su eine brave Frou
De werd mers nee naus schmeißen [5]).
Ihr nahmt mid'n gudn Willen verlieb,
Und schickt' ich a durchlöchert Sieb:
Ihr war't ne bies', ich wette,
Wenn ich nischt andersch hätte.

Wail Ihr su garne Kaffee trinkt,
Des Tags wull sachzen Schoolen,
Und starbenkrank ais Bette sinkt,
Künnt Ihr a moul ne mohlen, [6])

---

[1]) voriges Jahr. [2]) plagen [3]) Weinen. [4]) Schälchen [5]) werfen. [6]) Kaffee mahlen.

Su wünsch ich oich zu oiern Glick
'n besten Rahm, mahlsuppendick,
Und tausend saaksel [1]) Buhnen,
Dou braucht err nie zu schunen.

Ou wünsch ich oich en Zuckerhutt
Wie oers Hutbargs Hiehe,
Wie Kieselsteine fest, und gutt,
Os wie Rusinkenbrühe [2]),
Dou künnt Ihr oich 'ne Gütche [3]) thun
Und trinken, ohne auszeruhn.
Und — 's würe wull nie schoden, —
Oich ganz an Kaffee boden.

Künnt Ihr og lustich, guder Ding
De schworze Stunde halen [4])
Dou kon oich nie a Pfifferling
Zu oiern Glicke fahlen.
Ihr lacht bai oiern Kaffeeschmaus
Die Engel Gottes salber aus,
Weil die kenn Kaffee kriegen,
Su wing [5]) os oire Ziegen.

---

[1]) Säcke voll. [2]) Rosinenbrühe. [3]) eine Güte. [4]) die schwarze Stunde halten heißt: um die bestimmte Stunde Nachmittags — gewöhnlich zur Jause — Kaffee trinken [5]) wenig.

Und ficht oich ou wos Bieses o,
　　Su zieht Ihr halt zun Tuppe,
Und trinkt in dulzi Jubilo
　　E Nejgl [1]) Buhnensuppe.
Und wenn der Mon ou zankt und brummt
Und 's Leid oich üm de Nose summt,
　　Dos is oich og zun Lachen,
　　Ihr dürft og Kaffee machen.

Nu wünsch ich oich nischt watter mieh [2]),
　　Mai ahler [3]) Dichterroppen,
Dar will bai ollen: Hott und Hieh!
　　Nimmei vun Fläke troppen.
Zwor, eh ich obestaige, muß
Der stulzen Nupperin zum Schluß
　　Mit Leiern ich und Tichten,
　　De Huck a Bissl richten [4]).

Denn, wie ich merke, wullt Ihr mich
　　Nu kejmoul mej besuchen,
Und dos, dos wär doch sicherlich
　　Zun ärgern und zun fluchen:
Drüm wünsch ich oich en raichten Spuck,
Doß wie zun Meister Hobekuk,
　　Ei Engel zu ich käma,
　　Und rich ban Schuppe nähma,

---

[1]) eine Neige, einige Schaalen [2]) nichts weiter mehr
[3]) alter. [4]) euch ein wenig die Wahrheit sagen.

Und brächt oich fir [1]) douhar getrou
Noch Wornsdorf ai man Goorten.
Wos würden sek [2]) de Loite soon
Zu sichen Bibelsfohrten?!
Zwor werd dos sicher nej geschahn,
Denn schwerlich werds en Engel gan,
Dar oich, — 's is keene Lüge —
Zahn Schritte wait dertrüge.

Drüm kummt og salber ai mai Haus
Uf oiern ejgen Füssen,
Und hielt der Blousebolg ne aus,
Dou thut mers sek zu wissen.
Und wenn michs ou wos kusten sull:
En Blousebolg, dan kriegt mer wull,
Is oirer mott und müde,
Zur Nuth ai jeder Schmiede.

Nu blaibt ai tausend Gottes Nom
Und hott mer nischt fer übel,
Und ward't nu bald a Brinkel [3]) zohm,
Besucht mich uf man Stübl.
Sunst lärm und schimpf ich, wos ich kon,
Und thu oich endlich gor an Bon, [4])
Dou ward err 'ch [5]) do wull schamen,
Und zummer [6]) oich bequamen.

---

[1]) schnell. [2]) so, nur, da. [3]) ein kleines Bischen, ein wenig. [4]) in den Bann. [5]) ihr euch. [6]) zu mir.

's Mütterle ufn Kirchhouse.

(In Leiper Mundart.)

Dou sitz ich nu, und worte uf'n Tud,
Och muttersielallejne [1]) sitz ich dou! —
Jo, wenn mai Franz nou labte, hätt ich kejne Ruth:
Och, hätt ich og olle meine Kinder nou! —

Jo, jo, dar Franz, dar wor nu halt ei Suhn,
Wie 's wul nie glai en zwejten bessern gibt. —
Ar labt nu nimmei! — Gout luß'n sejlich ruhn!
Wie hout de alde Mutter dar geliebt!

Wenn ich mer'n su denka, schiene wie ar wor,
Gesund und ruth, und orbaitsom und munter.
Die blouen Ogen und dos gekrauste Hoor,
Dou lejft manch Thranl nou de Backen 'runder.

---

[1]) Mutterseelenallein.

Bomlang und stork! Ei Harze wie vu Guld,
Wor mir jitz ai man Alder gor ej fester Stob.
Zun Soldoten honn s'n obgehult,
Dan oim'n Franz. — Ich wejß nie 'moul sai Grob.
„Maine Mutter, bleibt nu ai Gouts Num! Ich muß,
Ich muß an Krieg." — Noch Ungarn kwom ar glai —
„Gout mog euch halfen!" — Ar flannte und en Kuß
Noch gob ar mir! — Mid'n Frejden wors verbai!
Ich ho geflennt, gebatt, die Hände gerung:
's holf Olles nischt, wär 's Harze o zersprung
Viellaicht kümmt ar bald hejm! — su trist [1]) ich mich!
Und worte schun drai Juhr mit Schmarzen druf.
Gout gib der 'n Himmel, Franz, nu sah ich dich
Uf dar Walt nimmej! — Du stiehst mer nimmej uf.
Nie ejnder [2]) wull, os bis uf'n jüngsten Tag! —

Verwichen [3]) hört 'ch emoul en Trummelschlag:
Ich derschrock ver Frejden, es frur mich bis ufs Mork,
Soldoten worn's! — Man Franzens Regement! —
Ich flennte, ich zitterte, de Sehnsucht macht mich stork.
„Wu is mai Franz?" — su front ich jeden dar'n kennt.
Doch kenner wußt's. — Tischlers Hann'l, Lehrers Suhn —
Und andere schmucke Burschen — doch kenner wie mai Franz.
Die soh ich Olle. — Ich kunnte nimmej ruhn.
Ich blieb stiehn, bis o der letzte Mon verbai,
Und wort'te uf man Suhn, dar wor bolt nie derbai.

---

[1]) tröste [2]) eher (ehender) [3]) Unlängst.

Nu ho ich nischt mej uf der Walt! De Bejne
Die brochen mir, wie ich 'n nie derwort [1]),
Dort soß ich, ormes Waib, ellejne,
Und ho nimmej gesahn, nimmej gehort.

Der Kerchhof dou, dar is mai liebster Plotz;
Dou flenn ich mich racht aus, wenn 's Harze schwer.
Dou an Grobe liegt nu schun mai Labensschotz.
De Walt is fer mich ausgestorben, leer.
Der Voter liegt dou viele Jahre schun,
Und's Nanul, 's Reisel und der Edewort [2])
Wie hibsch se dou su bai anander ruhn!
Og ich ellejne bin nou dou, und wort
Uf'n Tud! — Maine letzte Frejde wor mai Franz.

„Mutter, Mutter!“ — rufts uf ejmoul. Ganz
Erschrocken sieht sich de alte Mutter üm.
Van Grobstejn kom der Suhn, der Gude, 'rüm.

Ar labte nou, dos hout se nie gewußt,
Daß ar su lange an Spitole bleiben mußt'.
„Mai Franz! Mai Franz!“ — su schrie das orme Waib,
Bret 'd [3]) Orme aus, will 'n ai de Kejne lofen [4]).
Dos wor zu viel fer'n alden motten Laib,
's Mütterle fiel üm und storb ver Frejde.
Der gude Franz da wär bald mit gestorben,

---

[1]) erwartete. [2]) Eduard. [3]) Breitet die. [4]) ai de Keine heißt: entgegen.

's Harze wult' 'n spring ver Schreck und Lejde.
's Mütterle war tud, auf die ar sich su frejte.

Ar lejt [1]) se naben Voters Grob und flannte,
Dos s'Thranl wie ei Bach de Backen 'runter rannte.

Der Pforrer quom derzu, und hout'n frumm belehrt,
Doch 'n Franz, dan hout der Grom gar bald verzehrt.

Jarisch.

---

[1]) legt.

Der Bauernjunge am Herrentische.

(In Rossadler Mundart.)

Von P. W. Frost.

Gespräch zwischen dem Dorfrichter und dem Bauer Honns Wanzel.

Honns Wanzel. Nu, dos is forjos, Loita, soot mersch og,
Wu unser Richter hoite stacken mog?
's ist doch schun holber Ocht verbai,
Um die Zait trof ar immer ai;
's is do nischt Besunders aigerissen,
Dos ar hont hoite richten missen? —
Dou hommers [1]), nu dou kümmt ar jo.
(Richter kommt.)
Richter. Ach, Honnswanzel, seit er o schun do? —
H. 'ch bin erst ver enner Waile kumm,
Ho en Trunk Kümmel aigenumm.
's is gor a guder.
R. Dos soh ich ou!
H. Wie giehts denn oirer kranken Frou?

---

[1]) Da haben wirs.

R. Hoite vürmittchs [1]) gings er schlacht,
Se wußte nimmej, wos se macht,
Itz spricht se schun.

H. No was red't se?

R. Hitze hätt se, soot se, Hitze hätt se [2]).

H. Wär ich a Orzt und hätt err mich gefrout,
Su gäb ich oich sicher en guden Rout,
Ich verschrieb er Orznaien gor kroftche.

R. Giet mer [3]), gieht, Ihr seyd mer o der Softche [4])!
Hätt ihr gstudirt, würdt er wos Anders traiben,
Os mit der Mistgobel ai der Mistlacke schreiben.

H. Gfotter Richter, su hotter schun ufte geredt. —
Wenn 'ch lieber wos fer man Magen hätt.
Ich bin hungrich wie a Wulf, hob mich verirrt,
Dou hout mer maine Ahlde [5]) eine Kost vurgschirrt
Vu Knejdln und Buttermilch, dos sull en schmecken.
Dou künnte ju ej Hund dervon verrecken.

R. Das wär für oiern Bauch wull am besten,
Wenn ihr oich bai den Herrn ai der Stoodt künnt mästen

H. Nu, dos will ich grod o nie gesot hon,
Der vurnahme Stätter is ou ne mai Mon.
Wenns ufs Assen okimmt bei dan Harrn,
Würdt ihr bei der Tofel Maul und Ogen uffsparrn,

---

[1]) Vormittags. [2]) Hitze hätte sie, sagte sie, Hitze hätte sie. [3]) Gieht mir = geht nur. [4]) Der Saftige, dieser Ausdruck steht oft statt: Ihr seyd der wahre Schelm [5]) Alte.

Söllt ihr og Olles dos emoul hüren,
Wos se fer Zoig ai der Stoodt zsammschnabuliren.
R. War hout, Honnswanzel, oich dos g'soot? —
H. I nu, ich ho's salber gesahn ai der Stoodt.
De Geschichte is gor lang, hout er se nou ne ghort?
R. Ne.
H. Nu, su gatt Achtniche [1]) uf jeds Wort,
Doch ehnder [2]), os ich furtfohr, dürft er mersch [3])
nie wihren,
Doß ich kon meine Räder am Holse aischmieren.
(Er trinkt.)
Ah! Su! — 's is vielleicht schun a zwantsch [4]) Johr,
Wie ich non e klenner Schuljunge wor,
Dou soh ich an Harrn zu man Voter giehn,
Ar hout ufte Gald ban [5]) ausgeliehn.
Ar wor aus der Stoodt.
R. Wos wor ar mangarie [6])?
H. Ich weiß ne, wor ar Roth oder Kommissarie.
Emoul kom ar wieder ai unse Haus,
Und borgte von Voter wieder Gald aus.
R. Jo bai uns honnse immer de Aikehr,
Os wenn sunst kei Gald zu kriegen wär.
H. Ban Fortgiehn soht ar zu man Voter: Main Lieber!
Schickt mer doch emol euern Buben hinüber.

---

[1]) Achtung, gebt Acht. [2]), ehender, eher [3]) mir es.
[4]) zwanzig. [5]) bei ihm. [6]) Mangarie heißt: beim
Gleichen, oder z. B., oder meinthalben.

R. Merkt er nischt?
H. Ne!
R. Dos sproch ar zu ihn,
Weil er schun su viel Gald hout ausgeliehn.
H. Ihr künnt Racht hon! — Wie nu de Jung schun sain.
Wenn se sich schun lange uf was freun,
Su hott ich Frejde, wie mai Honns ufn Pfarden,
Ich hätte mügen holb narrisch warden.
Endlich kwom der Tag rog'rückt [1]),
Wu mich mai Voter hout ai de Stoodt geschickt.
Ich zug de manschesterne Jocke on,
Noch de noin Stiefl, dou worn Quosten dron,
Ufn Hute hott 'ch ejne Pfaufader
Und prächtche Housen vu galen [2]) Lader.
Der Morgen wor hübsch, ich huffte uf en schien Tag
Mai Voter gob mer de Lehre ufn Wag:
„Loden se dich, sproch ar, „zun Assen ain,
Su mußte, wie derhejme, hübsch monierlich seyn.
Und wenn de werscht kum und wieder auskrotzen,
Su mußte der Froun und 'n Harrn de Hand schmotzen."
Wie ich ufn Wage wor, fings on zu raan. [3])
R. Dou hott er wul dos Sprüchwurt aigesahn:
A schinner Morgen, a gorstcher Tag,
A hübsches Mejdl, o Schlumpersaal? —
H. Wie ich ai die Stoodt quom, dou ging mers ersch schackich,
's Water wor monschich, de Gossen worn drackich.

---

[1]) herangerückt. [2]) gelben. [3]) regnen.

Endlich trof ich dos Haus ai der Stoodt,
Wie mersch mai Voter beschrieben hott.
Ich klinkte, ich kluppte, de Thür ging nie uf.
Ich gob mit der Hand a Poor Hiebe druf:
's holf og njscht, ich sah mich üm und erblicke
Ai der Thüre an Houken zum Glücke.
Ich ergrief'n und zug nu uf Mord,
Dou ho ichs uben loiten gehort.
Aha, dou is Mittich [1]), ho ich gebucht,
Nu ho ich erst racht gehoun und gepucht.
's ging halt ne uf. Dou ho ichs su lange getrieben,
Bis mer der Houken mid'n Droute [2]) ai der Hand
geblieben.
Und endlich ging angelweit uf de Thür:
Eine Frou, nou ganz jung, trot nu aifür,
Se hotte mer ufgemacht. Ich duchte: Schau,
Dos is gewiß dan Harrn saine Frau.
Denn se hotte su waiße stättsche Protzen,
Deßwegen thot 'ch er de Hand glai schmotzen,
Se wieß mich freundlich de Stieg ai de Hieh;
Wie ich poor Schritte watter gieh,
Dou kwom noch eine schinnere Frou.
Aha, docht ich, die is, und schmotzt se halt ou,
Und wie ich ganz uben wor, kom mer eine Klejne,
Eine sehr hübsche Fro ai der Kejne [3]),
Do ho ich erscht die rachte erkannt,
Und schmotzt er halt o wie 'n andern de Hand.

[1]) Mittag. [2]) Drahte. [3]) entgegen.

R. Wos wor denn die erschte fer eine Perschon?
H. Gfotter Richter, ich scham michs zu sohn,
Mer is halt ai der Stoodt, wos bei Tage de Nachtoile,
Die erschte wor's Kuhmensch, de zweete de Hausfroile.
R. Der Kuhmoodt hott er de Hand geküßt,
Mit dar se hout gedruschen und ausgemißt? —
H. Dos wor freilich a Bissel olbern und tumm. —
De rachte Frou hieß mich: Willkumm.
Und wor gor freundlich, sog [1]) ober glai nou man Füssen,
Denn de Stiefel worn vun Water beschissen. [2])
Se sproch: „Putz der nur de Stiefel rain,
Dernouchern [3]) gieh links ais Zimmer nain."
R. Jo, de Städter sain gor hejslich und fain,
Dou derf ai der Stube kei Fliegendrackl sain. —
H. Ober wuhar wos zum Stieflputzen kriegn?
Dou soh ich ufn Bouden drai Bersten liegn.
Dou hoh ich mich ober ausgezohlt.
Denn olle drei Bürsten worn ver de Thüre genohlt. [4])
R. Gieht mer wag! —

---

[1]) sah. [2]) Dieser Ausdruck, welcher beschmutzt bezeichnet, ist in der dortigen Gegend ganz gewöhnlich, z. B. statt: schmutzige Schürze, beschissene Schürze. Bescheißen heißt auch betrügen. So obscön er klingen mag für feinere Ohren, so gewohnt sind ihn die dortigen Bewohner, daß es ihnen gar nicht auffällt ihn zu gebrauchen. [3]) hernach. [4]) angenagelt.

H. Jo gleebt mers ufs Wort.
R. Ober wos sülln de Bürsten angenohlt dort?
H. 's is halt ai der Stoodt schun su Moude,
De grußen Harrn sain halt a Bissl kommoude.
Trot ich ai die Stube. Do ho ich gestutzt!
Wie ich de Stiefl su reene geputzt,
Dos war eine Schienht! [1]) Ich wills ne beschrain [2])
Ober schinner konns salber an Himmel nie sain.
Ich fuhr zurücke, os thäts dou spucken,
Wie de Kühe, wenn se 's noie Schointhur ogucken.
Eure Stube is hübsch, doß ichs salber gestieh,
Ober su hübsch wie jene is se halt lange nie.
Ihr hätt og sülln die hibschen Dinge sahn,
Und dos Gemoule, [3]) ihr hätt was dersür gahn [4]).
Ai der Stube wor nou eine Thüre, ich ging nai ei
Eckel, [5])
Do log ver der Thüre ei grußer Struhdeckl
Aha, docht ich, dan hout de Köchin higeleeht [6]).
Wie se ufn Tisch hot ufgebrett.
Ich nohm dan Deckl und trugn o glai
Ai de andere Stube, wu de Tofel wor, nai.

---

[1]) Schönheit. [2]) beschrein, berufen. Es herrscht der Aberglaube, daß, wenn man etwas zu sehr lobt es verdirbt; so bei Kindern, wenn man sie schön nennt, werden sie krank. Die Leute sagen, es ist beschrieen, deßhalb sagen sie dazu: Gott behüth's. [3]) Mahlerei- [4]) gegeben. [5]) eine Ecke, ein Stückchen weiter. [6]) hingelegt.

Dort wor eine Schienht, manner Ihren [1]),
Mer hätte dort künn de Ogen verlieren.
De Tosl wor harrlich ufgedeckt,
Nabn jeden Taller wer a waiß Schnupptüchel geleht.
Ai der Mittelst wor e grußer Plotz frai,
Aha, ducht ich, do gehirt der Struhdeckel nai.
Ich leet'n glai hin.

R. Dos wor frailich zun Lachen,
Dar Deckl ghört ju zun Kuchen machen.

H. I ne, ar wor zu wos ganz andern dort.
Denn wie der Harr kom, worf ar'n fort
Vun Tische wieder zur Thüre naus,
Und schollt saine dummen Loite aus.
Wie ich dos horte, thot ich frailich stutzen,
Dar Deckel gehörte ju zun Stiefelobputzen.
Kaum war de zwölfte Stunde verbai,
Dou kom gor sehr viele Gäste rai,
Die der Harr olle sehr gut bewirth.

R. Honn se oich nie racht tüchtich verirt?

H. Wos is dos verirt? — Dos konn ich nei kapiern.

R. I nu, wenn mer halt an andern thut schiern [2]).

H. Aha, jitz verstieh ich's, jo, jo, wie vernorrt,
Honn se mich ai man Klebern ogestorrt.
Se gofften von Kuppe bis zun Füssen mich o,
Wie ei rachter Gahnoffe stond ich oich do

---

[1]) Meiner Ehre. [2]) scheeren, necken — der Richter wollte sagen firiren.

Grod naben en Harrn mit en oschichen Kuppe [1]).
Zun Glücke kom de Köchin bald mit der Suppe.
Jitz fing se o zu baten, kammt [2]) zeilt ich drey,
Wor o schun ihr ganzes Gebate verbai.
Dos hätt er sülln sahn, wie se straiten und hetzen.
Ganz derhinden wo e einzicher Sitz.
Ich dochte, fer dich schickt sich der letzte Plotz,
Und setzte mich druf, glai kom der Herr
Und sohte: „Der Plotz bai der Thüre is leer."
Ne, soht ich, dou kennt ihr, wos er wult, spra-
chen,
Ufn ersten Plotz vorne ward 'ch mich nei machen.
Dou seyn schun nou andre Loit hier,
Die setzt ufn ersten Plotz dorten aifür
Vorn derf ich ne sitzen. Mein Voter sproch:
Bai der Tosl hilt dich hübsch hinten noch.
Doch gob'n se nei Ruh, bis ich mich ganz sachte
Ufn ersten Plotz zur Thür aifür machte.
R. Jo, dos muß mer'n Städtern nouchsohn,
Doß an immer 'n ersten Plotz otrohn [3]).
Denn, wie ich gedenke, setzen se hier
Mich immer, als Richter, vorne zur Thür.
H. Wie nu Olles hout feste gesassen,
Fing'n se erst on de Suppe zu assen
Mit en grußen Löffel fuhr'n se nai,
Ai de Schissel und scheppten uf de Taller ai,

[1]) gepudert. [2]) kaum. [3]) antragen.

Und wünschten sich en guden Appetit.
Ich duchte: dan bring ich vu derheime mit;
Denn weil ich huffte, ai de Stoodt zu kumm,
Ho 'ch schun 'n ganzen Tag nischt zummer g'num.
Ene Frou naben mir nohm man Taller zu sich,
Und wullte mer aischeppen, ich wehrte mich.
Ich sohte, doß ich vun Durfe bi, —
Bai uns is Aischeppen Mode, mente sie.
Ne, soht ich, dos ward 'ch mer nei vermassen,
Ich bie's gewöhnt, aus der Schüssel zu assen.
Se hürte aber nie uf mai
Gerede und schöppte Suppe ai.
Don hottn mersch [1]) ober Beide versahn;
Denn wie se se wullt unsn Taller gahn [2]),
Schub 'ch 'n zurücke, ordntlich verdrussen,
Und dou ho 'ch er der Schirze und's Kleid begussen.
R. Dou ging's er wie gestern mannec Mod,
Wie se am Stol mit der Brühe trot,
Hackte der Uchse aus mid'n Fuß,
Su, doß ar se ganz mit der Jauche biguß.
Nu, wie wors watter, daß mers nei vergassen.
H. Wie wors, ich ho halt aus der Schüssel gegassen
De Suppe, de hout mer gut geschmackt.
Wie 'ch 'n Bauch su ho angesackt,
Froute der Herr eb mer keine Suppe mei hot?
Jo, seht ich, ene Kuh frißt sich nou sot,

---

[1]) hatten wir es. [2]) geben.

Und gob'n de Schüssel. Und weil 'ch su gegäckert [1]),
Hon se sich bald zu Tube gemäckert [2]).
Dernouch ern honnse 's Rindflejsch hargebrucht.
Mich hott'n se derbai gor tichtich beducht.
Denn sachs gruße Stücke wor'n sicher drin,
Wie 's o mich kom. Mir kom 's nie an Sinn
Zu transchiren, und ohne uf de andern zu gucken,
Thot ich ejs noch'n andern verschlucken.
Wie ich no an Rindflejsche oß,
Ging Tunke rüm, se heeßens Sooß,
Ej Löffel wor drin, ich wußte nie,
Sull ich se assen oder trinken, do soh ich hie
Uf de andern, und weil die oßen,
Ho ich se mitn Löffel ufn Taller gegossen.
N. Hottr o 'n Löffel hübsch obgelackt,
Und wieder ai de Schüssel gestackt?
H. Nu freilich soh ich dos ain,
Dou müßt ich ju nie der Honnswanzel seyn.
Jo, Sapperment, über dan tolfichen Assen
Hätt ich ju bald de Hauptsache vergassen.
No ejnder [3]), os 's Rindflejsch ufn Tisch kom,
Ho ich bai olln Harrn wuhrgenomm,
Doß jeder, wie se su soßen üms Rod,
En Zippel vun Tichtuche an Knoppluche hott'
Und weil ich o ho no en Zippel gefunden,
Su ho ich mern halt o glai ais Knopplouch gebanden.

[1]) gestottert. [2]) gelacht. [3]) eher.

De Biergläser wor'n olle aigeschankt.
Mir wullt'n se o aischenkn, ich ho mich ober bedankt
Und sproch: „Es is ju ne schiene, doß
E Bauernjunge trinkt aus en Glos.“
Der Krug blieb bei mir.
R. Dou honn se 's getruffen,
Dou hott ihr halt aus'n Kruge gesuffen.
H. I nu frellich. Su viel Rousumisch [1])
Ho 'ch schun. — Dernouchern kom ufn Tisch
Underschiedliches Assen, ich ho's nie gezahlt,
Ober ai mir houts o nie gefahlt.
Ich ho gefrassen wie ei Pfardeschinder,
Und de Gurgel geschwejft wie ej Bürstenbinder.
R. Dos hon de Harrn gor garne, wenn sich der Gost
Van Assen nie lange heißen loßt.
H. Dos hout mer mai Voter wul gesoht,
Doß se nie lange hejßen ai der Stoodt,
Dosse ban Bauern viel länger machen.
Doch Gfotter Richter, jitzt kwom'n Sachen!
Mir hout immer gegraut, wenn 'ch ho drongeducht,
Wos se fer Assen zuletzt hon ufn Tisch gebrucht.
Denn kammt [2]) worn de Hühnl und de Anten verbai,
Dou bruchten se gor wos Stinkiches rai
Mit zwe verschiedenforbchen Tunken,
Dos hout zu grode wie a Ous [3]) gestunken.
Dan Herrn ober schmeckte das Äserfleijsch gut
Und hackten nai mit ordentlicher Wuth.

---

[1]) Verstand (nach dem Tschechischen). [2]) kaum. [3]) Aas

A jeder soht, doß ar sich hätt'
Schun lange uf dos Wildprett gefreet.
Mit ganzer Nose honnse dron geruchen,
Und frouten: Seyn schun Wörmer drin gekruchen? —
R. Dos seyn rachte Saumagen gewast.
H. Jo, wenn su wos ufn Tisch kümmt — dou asst!
Dou bescheußt [1]) er mich nie — ducht ich — do wär ich e Norr,
Wenn ich dos sellte assen. — 's wor ober no ne gor.
's kom eine Schüssel, 's sog aus wie gebacken.
Ich guckte nei, wos wors? — Gebroutne Schnacken! —
R. Gebroutne Schnacken, worüm nie gor, giht wag.
H. Die worn's. Der nou bruchten se Schnappenbrak.
G. Hürt uf, die müssen Hundsmagen hon! —
H. Dernoch wurden gerüste Pflöckl ufgetrohn.
Ich nohm mer dervoune. Ich macht e poor Bisse!
Do soh iche. Wos wors? — Gebroutne Krötenfüsse
R. Honnswanzl hürt uf! — mir wird schlacht.
H. I jo, mir wor wul dort oi nie racht.
Bult, wie ich de Austern soh,
Dos Zoig soh sich ordntlich schmierich o.
Dou ducht ich bai mir: Su ej Assen
Kon og ei faingusch cher Stoodtmon frassen.
Und vu dar Schmiererai
Gob'n se o mir ufn Taller nai
Nach dan olbern Städtegebrauch,
Wie 'ch druf soh, wurd't mer schwippch [2]) im Bauch.

---

[1]) betrügt s. o. [2]) zum Uebergeben.

Ich sperzelte rüm. Mich houts an Magen gepackt.
Ich vergoß, doß's Tischtuch an Knoppluche stackt.
Ich wullte Reißaus machen, sohte kej Wurt,
Und luf mid'n Tischtuche pudelnarrsch furt.
Patsch, logn ufn Bouden ai en klen Bissl [1])
De Wainfloschen, Taller, Gläser und Schüssel.

N. Ihr wardt wul nie, oho, oho.

H. De Gäste sogen mich olle vernorrt o.
Der Harr stond suglai vu der Tofel uf,
Sprong uf's Tischtuch, trot mid'n Füssen druf.
Ich hotte kejne Zait zu verlieren
Und mußte su gschwind os ging reterieren.
Ich ward uf dos Sprichwort mailatche [2]) ne vergassen:
Mit grußen Harrn is ne gut Kerschen assen.

---

[1]) In kurzer Zeit. [2]) Mein Lebtag. Mai Lab Tach — mailatche.

De Menascherie.

(Im Leiper Dialekte.)

ei wird nicht wi ai, sondern wie ej gelesen.

Ei Pauer quom moul aus der Stoodt
Mid'n Fuhrwark heimgefohrn,
Gor gruß und dicke Motthies thot,
Os wär ar Richter word .
Ai der Stoodt hot ar gor viel gesahn,
Hout maichen Gilden Gald ausgan.

Ar ging ais Wirthshaus, sotzte sich
Zu'n Nubbern ai de Mittelst.
„Nu soh's, Motthies, wos freit denn dich,
Doß du 'n Koup su schittelst?"
Su frouten olle durch de Bank,
Motthies erzeilt nu kurtsch und lang.

Ai Prouge bin ich jitzt gewast
    Mid'n Fuhrwark viele Wuchen,
Dou soh ich Zeugs! — Ai unsen Nast
    Dou einziehen könnt mer su wos suchen! —
Ihr wisst nie, wie 's ai Pronge gieht,
Und wos mer dou fer Dinge sieht.

De Zait verging, ich weiß nie wie,
    Gor lange mußt ich worten,
Don ging ich o ai d' Menascherie,
    'Naus an kanarschen Gorten.
Dou hounse Viehzeug ollerlei,
De Name weiß ich nie olle mei.

's Komeil, 'n Leifn und 'n Baar,
    Die kannt ich glai ver ollen,
's Trompelthier und Drummedar,
    Wie hommer die gefolln!
's Pantherthier, 'n Vougl Strauß,
Wie schiene sahn die Viecher aus!

Eis wor derbai, nei, nei, mai Tag
    Das stond ai 'n Häusl alleine,
Dos hout en Rüssel wie en Saak,
    Imbendich gruße Beine.
De Pfuten schier su dick wie ich,
Elefante hieß dos gruße Viech.

Ich künnt euch wull poor Stunden lang
Dos Viechzeug jitz beschraiben.
Doch wail euch würd de Zeit zu lang,
Luß ichs derwaile blaiben.
Doch eis, dos wor gor eine Pracht,
Dou ho ich doch mich sot gelacht.

Ei Offe, gleib ich, wor dos Viech,
Su gruß wie e klenner Junge,
Geschait und fling, dar hulte sich
's Frassen ai en Sprunge.
Ar hott ei ruthes Röckl on,
Eine Mütz' mit enner Quoste dron.

Dos gob en Spaß, ich ho gelacht,
Mir hout der Bauch gewackelt,
Wos hout dos Viech fer Jur gemacht,
Wie is dos rümgefackelt.
Vult wemmer 'n worf en Oppel zu,
Dou machts Spektakl ohne Ruh.

Und wemmer schrie: „Pst Motzel,“ och,
Dou wors nie auszehalden:
Jedwedes macht dar Offe noch
Ai ollerlei Gestalten.
Wull wie ei Mensch, su thots dos Viech,
Ich ho gelacht gor jemmerlich.

Motthies erzeilte nu su fort,
De Ruppern lachten mitte.
Der Honns, dar soß ufn andern Ort,
Ei Mon vu dieser Sitte,
Wor naidisch, wail wull eine Stunde
Motthies vu Prouge erzeilen kunte.

„Du werscht dich nei alleine rühm“
Su ducht ar ai san Schadl,
Und guckte flamsch ai der Stube 'rüm,
Macht Ogen wie Pflugradl.
„Glai morne fohr 'ch uf Prouge hie
Und gieh naus ai d' Menascherie.“

Früh zaitlich schirrt ar on und rullt
Uf Prouge ai en Troppel,
Die Gapsen olle ongefüllt
Mit maichen ruthen Oppel.
Üm neune wors, dou quom ar hie,
Und suchte glai d' Menascherie.

„Ei ruthes Röckel hout dos Viech,
„Die Mütz vu rothen Stuffen?!“
Su sohte Honns, dos merkt ar sich.
„Pst Motzel!“ muß mer rufen;
Su ging ar fort, 'n Rußmorkt 'nuf,
Dou macht ei Herr sai Fanster uf.

Dar guckte mit'n Kuppe raus,
Üm frische Luft zu schnoppen,
Dar Herr soh 'n Honns packschierlich aus:
Hott eine ruthe Koppen,
En ruthen Schlonfrouk hott ar on,
Der Honns soh 'n für 'n Offen on.

Glai blieb ar stiehn und finge on,
Macht lauter narrsche Dinger.
„Pst Motzl, na nu luß dersch sohn,“
Und schnolzte mid'n Finger.
Dan Herrn an Fauster machts en Spoß:
Vun Kappe bis zu'n Fuß ar'n moß.

Ar soh dos Ding sich lange on,
Und schüttelt mid'n Kuppe.
„Aha,“ — soht Honns, „jitz fängt ar on,
„Pst Motzel, na, nu huppe!“
Su sohte Honns und worf zuglai
De Aeppel nuf, zum Fenster nai.

Mit enn hout ar den guden Herrn
Grod ufn Koup getruffen.
Dar Herr luß Honnsn ais Kastel sperrn
Und meint, ar wär besuffen
Ober narrsch. Kurtschim de Polezai
Die spert'n Hannsl ais Kastel nai.

Dou soß nu Honns und duchte sich,
Dos sain korjousse Sachen:
Ich ho gebucht, ar wär e Viech,
Und wullte wacker lachen.
Ai Prouge giehts ju ganz verwerrt,
Dar Osse hout mich aigesperrt.

Der Omtmonn hout 'n druf verhürt,
Und lacht aus haller Stimme.
Druf houn se Honnsen heimgeführt:
Dar plotzte bald ver Grimme,
Die Nuppern hotten 's o derfohrn,
Und hulten Honnsen racht fer'n Norrn.
Honns hieß vu nun on Motzelbauer:
Dos macht 'n ufte 's Laben sauer.

Der Zippelpelz.*)

(Nach Anschaer Mundart.)

Ein uraltes Gedicht, welches dort häufig gesungen wird. Sein Alter beweist auch die menuettartige Melodie.

Ein Gespräch zwischen Vater und Sohn.

Junge. Voter, kejft mer og en Zippelpelz.
Voter, kejft mer og en Zippelpelz.
Vu en rachten Stoor [1]),.
Dar racht pfunkich [2]) wor,
Voter kejft mer og en Zippelpelz.

Voter. Junge, bis mer still von Zippelpelz,
Schlejge kriegste und kenn Zippelpelz,
Ich waŕd dich zerschloun,
Du werst denken droun,
Schlejge kriegste und kenn Zippelpelz.

---

*) Dieses Gedicht habe ich blos des Alters und der weiten Verbreitung wegen aufgenommen.

[1]) Schafbock. [2]) wollig.

Junge. Voter, saht og Motzens Steffen [1]) giehn,
Wie 'n stieht der noie Pelz su schien,
Lußt oich og derborm,
Keeft mer og en worm,
Rachten, darben, dicken Zippelpelz.

Voter. Ma muß Gald wull uf de Stoier hon,
Ma derfs ju nie erscht zu'n Kerschner tron,
Wenn de fer dan Frust
En worm Brustlotz hust,
Brauchste hoier nou ken Zippelpelz.

Junge. Olle Junge giehn ai ihren Pelzen,
Og ich muß mich ai der Jacke wälzen.
Schlach't dan alden Bouk,
Keeft mer stott en Rouk
En schien langen, worm'n Zippelpelz.

Voter. Junge, du bist wull ej rachter Norra,
Gieh und rejd mit unsern Herrn Pforra,
Dou werscht's schunt derfohrn,
Doß mer jitz muß spor'n,
Dar werd dir schun de Plonejten [2]) lasen.

Junge. J, wos gieht mich dar Plonejten an,
Ich will ju og en Zippelpelz hon,

---

[1]) den Stefan des Mathias. In jenen Gegend bekommt öfters der Enkel noch den Namen des Großvaters, z. B. Radelmachers — Antons — Franz, ja noch weiter: Radelmachers — Antons — Franzens — Josef. Also bis auf den Urgroßvater. [2]) auszanken, ein Kapitel geben.

Und wenns nej werd g'schahn,
Watter [1]) nou wos andersch sahn,
Ward ich under die Soldaten giehn.

Voter. Na, nu ward ich bald 'n Prügel dergraifen
Ward der 'n Pelz ufn Puckel straichen:
Du konnst immer ziehn,
Zun Solboten giehn,
Konnste gor nie ai en Pelza giehn.

Junge. Voter, saht og maine Jacke on,
'ch kon die Fatzen nimmej länger tron,
Macht og doch a Mittel,
Kejft mer og kenn Kittel,
Ober en langen, wormen Zippelpelz.

Voter. Ma hout Plouge mit dan Hogelsjung,
Gieht er nie dan ganzen Tag rüm brumm?
Du werscht ober sahn,
's ward doch nej geschahn,
Du kriegst amoul doch ken Zippelpelz.

Junge. Voter, weunt er wullt kej Ende machen,
Su behalt oich oire ganzen Sachen,
Wennt ersch [2]) nei wullt thun,
Könnt ersch bleiben luhn [3])
Und ich hust oich ufn Zippelpelz.

---

[1]) Werdet ihr. [2]) Wenn ihr es. [3]) lassen.

Der Bauer und sai Gänsejunge.

Bauer. Junge, wos wejnst denn?
Junge. Nu, lachen ward 'ch doch nie!
Bauer. Hout der ant der Fuchs ejne Gonns gestouln?
Junge. Nu brengn werd er mer se nie.
Bauer. Bist'n denn nie nochgeloufen?
Junge. Nu, vurauslofen koun 'ch nie.
Bauer. Lief er den übern Barg?
Junge. Nu, durchn Barg freilch nie.
Bauer. Host de denn nie oubacht gahn?
Junge. Nu schloufen ward ich nie.
Bauer. Ich ward der de Gons an Luhne obzlehn.
Junge. Nu zulejhn wadt er merse freilch nie.
Bauer. Karle, mußte denn immer 's letzte Wurt hon?
Junge. Nu, 's erste luster mer ju nie.
Bauer. Wort, Karle, durchdraschen wardt 'ch dich.
Junge. Nu stiehn bleibn ward 'ch ou nie.

Der Gaist.

(Nach Leiper Maudart.)

ei wird nicht wie ai, sondern wie ej gelesen.

Ejne nakische Geschichte.

Ai Laipe wor eimoul ei Mon
Zu Zaiten der Paruken,
Dar ging sehr uft uf Mikkehohn,
Zun Pauern hin zu Ruggen,
Dou trieb ars Kolb gor tüchtich aus.
Mer kannt 'n schunt ai jeden Haus.

Ar wor ei Fleischer, ging sehr uft
Zu Dorfe üm ei Kalbl,
Ollenden honnse 'n naigeruft,
Wor lustich wie ei Schwalbl,
Honns hieß er und wor sunst kei Hosa,
Ar wounte uf der Teppergossa.

Ar nackte garn de Bauernmadl,
Wenn ar zu Ruggen quom,
Zerries de Biese, hielt uf de Radl
Und zund 'n Flar ou on;
De Meidl hott'n an grißten Zorn
Gehonnessen Rache zugeschworn.

Vu der Laipe is bis uf Mikkehohn
Ei Pusch, zwei Stunden lang,
Dou stieß Gehonnes sich nie dron,
Dos macht 'n gor nie bang
Eimoul an Winter ging ar hin,
Der Mound ufn Schnie gor halle schien.

Wie ar nu dou de Meidl fuppte
Und zund 'n Ruggen on,
Und dar 'n Flax vunander zuppte,
Dou schmier't 'n eine on.
Die bond 'n eine Dütte an Zoup,
Wie a moul stilla hielt 'n Koup.

Su trieb ar 's fort bis ai de Nacht,
's hott elfe schun geschlon,
Gehonnes hout sich ufgemacht
Und trot' 'n Heimwag on.
Doß die 'n an Zoup wos ongebrucht,
Dos hout Johannes nie gebucht.

Ar gieht su mir nischt, dir nischt fort
Und wittert keine Streicha,
Uf einmoul hout ers roscheln gehort;
„Wos is do fer ei Gescheicha?!“ —
Su schrie ar, ober soh doh nischt.
Dar Grusl hotn ober schun derwischt.

Ar quom an Pusch, dou kloppert wos
Uf eimoul ufn Rucken,
„Kotz Sakkermichl, wos is denn dos?
Es werd wull dou nie spuken?“ —
Denn doß de Dütt an Zuppe hing,
Wor ihm ei unbekanntes Ding.

Der Mound schien durch de Beimer klor,
Der Schnie, dar knostert tüchtich,
Doch unsen Herrn Gehonnes wor
Dos ganze Ding nie richtich.
Jitz fing ar nou zu losen on,
Ar hotte Angst, 's wor nie zu sohn.

Und wie ar luf, dou schlug de Dütta
Gewaltich rüm an Zuppa,
Der Wind, dar thot dos saine mitta.
Ar ducht nu ai san Kuppa:
„Ei Gaist hout sich mir ufgehuckt.“
Nu lief ar hejm os wir verruckt.

Noch zwelfen kom ar hejmgerannt,
An Schwejße gonz gebodt,
An Gesichte bloß wie eine Wand,
Ver Aengsten schun gonz moit.
Su kom ar on ai grüßter Nuth,
Fiel ai der Stube üm wie tuot.

„„Wos is denn, Ghonnes, soh mersch doch,
Uems Himmels willn geschahn? —""
Doch dar log ai der Stube noch,
Kunnt keine Antwurt gan.
Am Ende kriegt ar Lust und waißt
Ufn Puckl nümm und schrait: „Ei Gaist."

„Ei Gaist hout sich mir ufgehuckt!"
Su schrie ar ai en Ouden,
Doch wie de Mutter neinder [1]) guckt,
Schrie se: „Se hon der ai de Louden [2])
Ai Mikkehohn eine Dütte gehang."
Nu is 'n 's Licht ersch ufgegang.

„Stieh uf, du narrscher Karle du!
Du bist ju rein verwerrt,
Luß andermoul de Leut ai Ruh,
Jitz honnse dich genärrt."
Gehonnes soh de Dütte on,
Und ging nimmei uf Mikkehohn.

Jarisch.

---

[1]) näher. [2]) Haare.

Das Erkennen.

(Im Leiper Dialekte.)

Nach J. N. Vogl's Wanderlied.

ei wird nicht wie ai, sondern wie ej gelesen.

Ei Handprichspursch [1]) midn Stackn ai der Hand,
Kümmt wieder heim aus 'n fremden Land.
Sai Hoor wor bestcibt, sai Gesicht obgebronnt,
War hout denn dan Purschen zuerst derkannt?
Su tritt ar ais Stadl durchs alde Thur,
Van Schlagbome lahnt grod der Zöllner dervur.
Der Zöllner dar wor 'n ei lieber Freund,
Ufte hotte Gesellschoft die Beiden veraint.
Doch schau, dar hout 'n nie erkannt,
De Sunn' hott 'n 's Gesichte zu sehr verbrannt.
Ar gicht nu wetter noch kurtschen Gruß
Ais Stadtl, und schüttelt 'n Stob vun Fuß.
Do sieht aus 'n Fauster sei Schätzl frumm:
„Du bildschiene Jumpfer, viel tausend Willkumm!“
O je, o sai Meiel hout 'n nie gekannt,
Weil de Sunn ihm zu sehr dos Gesichte verbrannt

---

[1]) Handwerksbursch.

Und wie ar su wetter ais Stadtl ging,
Maich Thranl 'n Burschen ufn Back'n bing.
Dou wackelt aus der Kirche sei aldes Mitterlei.
„Gout griß euch!“ so spruch ar, und sunst nischt mei.
Und saht, 's Mütterle flennt ver Lust:
„Ma Suhn!“ und drückt 'n Burschen ai de Brust.
Wenn glai 'n die Sunn 's Gesichte hout verbrannt,
's Mutteroge hout 'n doch glai erkannt.

De Heimkehr aus der Fremde.

ei wird wie ej gelesen.

Dou säg ichs nu wieder, dou unden an Thole
Dos freundliche Dorf, wu mei Vater wonnt!
Wie schiene sieht's ruf jitz an Sunnenstrohle,
Wie freundlich guckt nai der silberne Mound!
's Harze springt mer ver Freide und Lust,
Bald drück ich die Lieben olle wieder ai de Brust.

Wie er dou rausguckt der Kirchthurm vun Hübel,
Ringsüm von Popeln gor schiene geziert;
Mit Freiden gedenk ich's; — ich wor nou ei Bübel, —
Wie uft ho ich dou ban Altur ministrirt,
Ai de Masse gelitten [1]), ban [2]) Laichen gesung,
Wie de Glucken su halle hout de Stimme geklung.

Und de Kirche! Zwor is se nie gruß, nie su schiene,
Os wie ai der Stoodt de Kirche Sanct Vait.
Doch hob ich se su lieb, jeds Platzl kenn ich drinne,
Schun lange hob ich mich uf se gefreut.
Wie ufte ho ich os Junge de Fohn
Ober 's Kreuze an Bittagn üm de Felder getrou.

---

[1]) gelautet. [2]) bei den.

Vun Schulhause sah ich og 's Dach und 'n Rauchfang! —
Ob drinne mai alder Lehrer nou sitzt?
Wenn dar og nou labte, nu soht ich 'n man Dank.
Jitz hob ich's erst gesahn, wos sai Lehren genützt.
Hätt ar und der Pforr uns nie su hargenumm,
Dou wär ich su orndtlich wull nie wieder kumm.

Ich ho 'n maichmoul geärgert dan guden Alden,
Os Junge macht mer halt maichen Streich!
Ich ward 'n jitz glai üm Verzaihung onhalden,
Ich wette, ar flennt, denn sai Harze is weich.
Der Pforr und der Lehrer, die hotten mich lieb,
Wail ich viel Lustches wul, aber nischt Bieses trieb.

's Püschl dou drüben, dos kenn ich su gutt,
Mit Freiden sah ichs jitz wieder;
Es horte gor uft, wenn 'ch de Kühe gehuth,
Uf maine lustigen Lieder.
Die hon dou su halle, su schiene geklung,
Os hälten die Beiml [1]) o mitgesung.

Der Schloußtaich dou unten und hinden de Barge,
Die künn aus man Laben gor Maiches soon,
Se sain frailich kegen die Olpen og Zwarge,
Der Taich kon frailich kei Schiffl troon [2]),
Doch Beide troon maine süße Erinnerung
Und dou derzu sain se grod gruß genung.

---

[1]) Bäumchen. [2]) tragen.

Und dorten de Falder, der Bach und de Wiesen,
Wos ho ich nie dou ver Freiden gehot!
Wenn mer 'n Drachen an Herbste dort steigen ließen
Und wemmer spielten Boll oder Soldot.
Jo 's Harze springt mer ver Freide und Lust.
Könnt ich, ich drückt 's ganze Dorf ai der Brust.

Und drüben an Bache mei väterlich Haus
Mit Schuppen und Scheune und Stolle,
Wie guckts su freundlich aus'n Oubstgarten 'raus.
Gott grüß euch, ihr Lieben, drinn olle!
Euch Voter und Mutter und Schwastern und Brüder,
Der Franz kümmt heut aus der Fremde wieder.

Wie huch die drei Popeln ban Kreuze stiehn,
Wos de Gruße [1]) hout setzen gelussen,
Mai Aeppelbom thut gwiß jitz prächtich blühn,
Und frisch blühn an Gartel de Rusen.
Der Laimbouk is o nie zu Grunde gegang,
Wu ich an Herbste ho maichen Vougel gefang.

Jetz ward ich ais Dorf gien durch Höfe und Gorten.
Eb mich de Nuppern nou ward'n erkenn'? —
Bai der Marjanel ihren Fanster ward ich worten,
Und ward' se ban Nom e poor moul nenn',
Wenn die mer am Ende is untreu wordn,
Dou wär schun de holbe Freide verlorn.

---

[1]) Großmutter.

Jitz zünden se ban Voter de Fackeln [1]) schun on,
    Glai giehn se zun Oubendassen!
Ich gieh jitz und kluppe ais Fanster dron,
    Wenn olle ban Tische gesassen.
Und froun se: „War is denn?" — su schrai ich: „Der Franz!"
Und drinne schrein olle: „Der Franz, der Franz!"

„Gout grüß euch, lieb' Aldern, Schwastern und Brüder,"
    Und drück se und schmotz se su noch enand,
„Der Franz, dar kümmt aus der Fremde wieder,"
    Und drücke donn ollen ver Freiden de Hand.
„Ich wor ai Süden, Osten, Norden und Westen,
's is überoll gut, doch derheime is am besten."

Jarisch.

---

[1]) Die Landleute brennen dort keine Kerzen, sondern Späne, Schleußen, die sie Fackeln nennen.

Honns-Christel.

Honns=Christeln wor uf dar Welt gar nischt mei racht,
Ar machte ei muckſches [1]) Gesichte;
's Assen und 's Trinken dos wor ihm zu schlacht,
Ar tobelt jedwedes Gerichte.
Honns=Christel dar thote gor gruß naus zieln
Und wulde 'n gnädichen Herrn garne spieln.

Ar schmiedte su Pläne bei Tag und bei Nacht,
Wie ar su racht raich könnde ward'n;
De Kommeroten, die hon in gor uft ausgelacht,
Und hong'n uf maich tichtichen Baren.
Doch änderte Honns=Christel gor nie san Sinn
Und spintesirte ai en fort su har und hin.

Dou kom ar emoul uf san Herrn sai Fald,
Dou soh ar en Hosen an Kraute,
Glai machte Honns=Christel an Faldrande Halt,
Ei neues Luftschloß ar baute.
Ar ging ganz sachte zun Hosen hin,
Und duchte nu rosch ai san stulzen Sinn:

---

[1]) muckenhaft, mürrisch.

„Honns-Christel dai Glücke, dos is jitz gefunden
Dan Hosen dan fang ich behende,
Ich tro 'n ai de Stoobt, und wul ai zwei Stunden
Krieg ich mai Geld ai de Hände.
Dou keif ich mer Gänse üms Gald fern Hosen,
Die setz ich uf Eier, ward' se ausbrütten lossen.

Ei Hardl [1]) ho 'ch bald.
Dernou wardn se verkooft,
Und glai fer dos Gald
Eine Kuh aigestallt
Und bleib 'ch o wos schüldch,
Die Butter und Milch,
Die hilft se bezohln. —
De Kälber, die folln,
Die zieh ich mer gruß.
Fünf, sechs, sieben Küh'
Die gan nie viel Müh',
Die verkeif ich gor bald
Und keif mer ei Fald,
Eine Wies und ei Haus.
Jo, mai Glücke thut blühn!
Wie lang wirds onstiehn,
Dou ho ich ei Güttl.
Dou mach ich glai Mittl,
Und ai e poor Juhren
Bin 'ch reicher gewur'n.

---

[1]) Eine kleine Heerde.

's Dorf werd mer sauer,
Ich bin nie zun Bauer,
Zun Herrn bin 'ch geburen. —
's Gut bitt' ich aus,
Und keif mer ei Haus
Derfür ai der Stoodt,
So schien, als mers hot,
Dou ward ich ai Kutschen
Ufn Gossen rüm rutschen,
Nischt assen und trinken
Os Brouten und Tschinken,
Schampanierwein!
Noubel muß sayn.
Bis zehne werd geschlouffen. —
Mit Fürsten und Grousen
Dou bin ich per Du,
Do heißt's nimmei: Honns=Christen,
Thu 'n Kühstol ausmisten,
Und fohr üm e Hei
Und hulle de Strei.
Dos gieht 'n Knacht on,
Denn ich bin Herr von,
Und Enner vun Irsten.
Dou kumm Grousen und Fürsten! —
Üm die dichen Herrn
Standsmäßig zu ehr'n,
Dou muß eine Schildwacht
Bai Tag und bai Nacht

Vorn Hausthuer stiehn
Und uf und ob giehn,
Und wenn se giehn ai oder aus,
Aus Kräften brülln: „Gwehr raus, Gwehr raus!“

Honns wor ai der Freide zu weit gegang'n,
Doß ar nu salber: Gwehr raus!
Aus Kräften zu schrain hotte ongefang'n,
Patsch, wors mit 'n grußen Herrn aus.
Der Hose, dar machte sich flugs uf de Beine,
Und lief ai en Ouden über Stouk und Steine.

Merk der, mai Freund, die lustche Epistel,
Es gibt heute gor viel uf der Walt,
Su kleine Garnegruß, wie der Honns-Christel,
Dan 'n og nou ei Grod ais Norrenhaus fahlt.
Für dan is dos glücklichste Lus beschieden,
Dar mit dan wos ar hout, is zufrieten.

Garnegruß und Battelstulz
Wachsen beide uf faulen Hulz.

Jarisch.

Der Fulterbauer.

(Nach einer in der Gegend von Georgswalde von Mund zu Mund gehenden, wahr sein sollenden Begebenheit gearbeitet.)

ei wie ej.

Ihr Nuppern, setzt oich har zu mir,
Ich wi oich jitz wos soon,
Wos sich ver hundert Juhren schier
Bai uns hout zugetroon.
Es is, su soht ei ald Gerichte,
Eine ferchterhoftiche Geschichte.

Der Krieg, dar hotte schun ringsüm unse Land
Verbrannt, gemordt und geplündert,
's trof horte doumouls o 's Biemerland.
Der Preuße wor ungehindert
O rai bis ai unse Voterland kumm,
Und hotte schun maich lieben Urt aigenumm.

Ar rückte gen Schlucken [1]), Rumrich [2]), Jürgswalde,
Und brannte und stohl wie de Roben.
Und Menschen und Viech wor versteckt an Walde,
Die Sachen worn olle vergroben.
Kanoun und Gewehre, die horte mer krachen,
Es wor wul kei Spaß, 's verging Ollen dos Lachen.

Dort brannte ei Dorf schun hallichterluh,
Dou brüllten und krochten Kanounen,
Dou bruchten se Tudte, Blessirte aizu,
O de Kerchen thotn se nie schounen;
Es wor ei Jommer an ganzen Lande,
Wie der Feind raubte und mord'te und brannte.

Dou kom ai Jürgswale [3]) zun Richter der Pforr
Ai tausend Aengsten gerannt,
Ei Nupper grode ban Richter dort wor,
Os rachtschoffen Ollen bekannt,
Dos freite 'n Pforrer, ar froit se im Routh,
Wos ai dar Nuth ar onzufang hout.

„Der Preuße rückt schun gen Jürgswale ou:
„Wos sol ich bai su en Schrecken
„De Kirchensachen: Guld, Silber hintron,
„Wu sol ich denn Olles verstecken?“ —
Nu judizirten der Nupper und Richter,
Und machten derbai gor arnste Gesichter.

---

[1]) Schluckenau. [2]) Rumburg. [3]) Georgswalde.

Nu endlich meinte der Richter geschwinde:
　　„Ich weiß wos, dos wär sek glai dos Beste,
„Der Nupper hout uf san Fald eine Linde,
　　„Ganz houl is se, hout og e poor Aeste."
Und wie 's su vu ollen Draien wor beducht,
Su house de Sachen o hingebrucht.

Sie brochen glai uf, und bai Nacht und Nabel
　　Trugen se olles zur Linde hin,
Verstackten don Olles su racht passabel.
　　Der Pforrer, dar batte mit frumm Sinn:
„Unser Herrgout sull mit ollmächtichen Orm
„Sich über de Kirche und 's Land derborm."

Derweil rückt'n on an Sturme de Preußen,
　　Ai Numrich quatirte der Stob sich ai.
Wie wemmer ban Taiche ufzieht de Schleußen,
　　Su brochen de Fainde ai de Urte nai,
Und raubten und plünderten, wos se dou fonden,
O de Kirch und Altäre se nie verschonten.

Der Pforrer, dar dankt unsen Herrgout ver Freiden,
　　Doß der Kirchenschotz wor su sicher versteckt,
Und doß naben ihn und dan andern Beiden
　　Wul kei Mensch de Sachn ai der Linde entdeckt.
Die Feinde hon dou dervon gor nischt gewittert,
Und wie se nischt fonden, worn se übern Pforrherrn erbittert.

Der Krieg, dar dauert nou maiche Zait fort,
Und Gräul uf Gräul geschohn;
Ai Biemerland koun wul e jedweder Ort
Erzeiln, wos der Preuße gethon.
Su schlich wul dos siebente Juhr schun hin,
Jitz schloß Frieden der Künich und de Kaiserin.

Wie nouch'n Gewitter die Falder uflaben,
Und olles zusahnde wächst und blüht,
Und zwitschernd de Vougl an Lüften schwaben,
De Sunne wieder freundlich an Himmel stieht,
So wors o ollenden, wie der Krieg wor zu Ende,
's Laben erwachte nu wieder behende.

Su ful o 'n Pforrer ei Falsen vun Harzen,
Wie 's hieß, der Friede kümmt wieder ais Land.
Ar hotte mit Sorgen und wohrhoftchen Schmarzen
Moich Gebate für olle zun Himmel gesandt.
Nu ging er zun Richter und Nupper geschwinde,
Zu huln 'n Kerchenschotz aus der houln Linde.

Doch weh, wie se hinquom, befiel se ei Schreck,
Der Pforrherr stond dou wie vu Steine;
Die Linde wor leer, de Sachen worn weg,
'n Nupper brochen ver Schrucken de Beine.
Glai wor dos Unglöck an Dorfe bekannt,
Die Leute, die retten nu ollerhand.

Dar eine meinte, der Faind houts antdackt,
Der Andere witterte Diebe,
Der Dritte soht, 's houts enner wu anders verstackt,
Doß sichrer, os ai der Linde dort bliebe.
Su red'ten die Leute nu har und hin,
Doch Niemand hotte wos Orges an Sinn.

Dou soote der Richter, und worf sich ai de Brust:
„Ich ward dan Hallunken glai fang'n,
„'s houts Niemand ols ich, der Pforrer und der Nupper gewußt,
„Bai Nacht und Nabel sein mer hingegang:
„Ich ho 'n Frevel wul bald geruchen,
„Drüm sai maine Meinche [1]) ganz frai ausgespruchen:

„Der Pforrer is reine, und ich gleib, ols Richter
„Bin wull schun durch mai Richteromt rain,
„Drüm so ichs o raus“ — bloss wurden de Gesichter —
„Der Dieb kon kei andrer, ols der Nupper dou sayn“
— Dar Orme fiel üm ver Angst und ver Schrecken. —
„Dou saht ers, der Schelm thut sich salber antdecken.“

„Ihr Schöppen und Schergen, glai packt 'n zusomm,
„Und lejt 'n ai Bande und Kejtn,
„De Fulter — ich schwör oich uf man ührlichen Nom —
„De werd 'n schun breng zun Rejd'n.
„Jitz führt 'n glai fort zun painlichen Gericht,
„Daß 's Gesetz über ihn 's Urtl ausspricht.“

[1]) Meine Meinung.

Ai ganz Jürgswalde wor Schrecken und Jommer,
Der Nupper, dar wor sunst a reeller Mon.
Dar kniete nu jitz an schworzen Krozommer, [1])
Und rief unsen Herrgout üm Hilfe on.
Dan andern Tag is Gerichte z'sommkumm,
Dou honnse 'n Nupper ais Verhöre genumm.

Os Kläger stond der Richter ban Schranken,
Beschuldigt 'n Nupper des Kirchendiebstohls,
Der Pforrer mußt o ols Zoige hinwanken,
Der Nupper stond ai der Ecke des Sools.
Behang ai Händen und Füßen mit Keiten,
Ver Flenn und Jommern kunnd ar kamt mei reiden.

Der Richter räuspert sich, seufzt und spricht,
Verbeugt sich draimoul de Runde:
„Ich kumme, gestrenges Landesgericht!
„Und bringe schreckliche Kunde.
„Ei grußes Verbrachen is bai uns geschahn,
„Wies wu nie glai werd ei zweites gan."

„Zur Zait, os de Preußen de Gegend verheert,
„Hommer ai Nupper Jürgs Linde
„De Kerchensachen verstackt und verwehrt,
„Doß sicher se Niemand dou finde.
„Es wor Niemand bai der Affäre derbai,
„Os der Pforrer, der Nupper dou, ich, unser drai."

[1]) Kerker.

Bai Nacht und Nabel hommers gethoun,
„Der Herr Pforrer dou konns oich bezeugen,
„Kei Mensch ai Jürgswale wußte dervoun,
„Mir hotten geschwuren, zu schwaigen.
„Doch wie mer druf ging zun sichern Versteck,
„Dou wor der Bom leer, de Sachen worn weg.“

„Sintemoul nu de Linde ufn Falde
„Des Nuppers noh bai san Hause stieht,
„Erräth mern Dieb — ollreweil, gor balde,
„Do 's jeder wul glai ohne Nouchdenken sieht.
„Und wie ich's glai soote, sain de Knie zombruchen:
„'s Gewissen hout über 'n glai 's Urtl gesprochen.“

Der Omtmoun frout 'n Herrn Pforrn. Dar bezeugt,
Doß 's Niemand gewußt, os sie Drai —
Doch der Herr Pforr mit 'n Eid bezeugt,
Doß ar nie weiß, war dou der Dieb sai.
Nu wird der Nupper zun Schranken geführt,
Und puncto des Diebstohls streng inquirirt.

Dar Orme wor ganz schun ai Thrän gebod't
Und soote mit Zittern und Biben:
„Ich ho's nie genumm, ho o ken wos gesoot!“
Und is bai dar Reide geblieben.
„War dos Verbrachen begangen hout,
„Dos weiß“ — su soot ar — „der ollwissende Gout.“

Wail nu der Arme nie aigestond,
Wos ar nie hotte gethoun,
Su honnse 'n glai uf de Fulter gespannt,
Und lejten de Daumschrauben on.
Und quälten 'n su lange bai Tag und bai Nacht,
Bis der Tud hout dar Fulter ei Ende gemacht.

Ai ganz Jörgswale hout olles geflannt;
Der Rupper wor orndtlich, nie schlacht,
Wie nu sai Tud erscht wurde bekannt,
Dou lamentirten sie erst racht.
Zwiene Knachte hon' an Pusche bai Nacht
Dan orm Rupper Jörgen sai Grab gemacht.

Nu versammelt sich ganz Jörgswale und fing
Ondächtich fern Rupper on zu baten,
Sie ging zun Grobe, wie de Sunne ufging:
Doch Wunder, wos hon se dou gesahn!
Zwe Lilgen sohn se, wie Schnie su schien,
Uf Ruppers san Grobe gor harrlich blühn.

Der Pforrherr erstaunte, und prüfte suglai
De wunderbore Erscheinung.
„Vielleicht stackte Jemand die Lilgen nai
„Aus frummer, christlicher Mainung?!“
Doch nei die hotten von Wurzel gefoßt,
Ver Schreck und Freide sayn de Loite erbloßt.

's wer Herbst und keine Lilge mei blühte
Ai Garten nie, viel winger an Land,
Die Loite sohn nu mit frumm Gemüthe,
Gout salber hout Jörgens Unschuld bekannt.
Und Tausende soh mer zun Grobe giehn,
Wu die Lilgen der Unschuld su schiene thoten blühn.

Ei Juhr druf erkrankte der Richter und bot
Suglei 'n Herrn Pforrn — und entdeckte,
Doß ar dos Verbrachen begang'n hott, —
Und doß 'n de Hölle jitz schreckte.
Der Pforre soll's 'n ganzen Dorf erscht verkünden,
Und dann ihn erst lussprachen vu oll san Sünden.

Der Bösewicht treibs su schlau os ar mag,
Es kümmt olles emoul ganz sicher an Tag.
Drüm so ich: „War ührlich is olljeit und racht,
Braucht sich nei zu ferchten bei Tag oder Nacht.
Der Bösewicht find nand keine Ruh,
's Gewissen dos setzt 'n gor jemmerlich zu.“

Nou heut is ai Jörgewalde die Geschichte bekannt,
Ei Bauer wird heut nou der Fulterbaur genannt.

Jarisch.

Der Hirte von Bethlehem.

(Der Gesang eines Hirten aus einem uralten, sogenannten Hirtenspiele, welches um die heilige Weihnachtszeit von einigen Männern aufgeführt wurde, jetzt aber, theils weil der gute alte, gemüthlich=religiöse Sinn leider — leider! eingeschlafen ist, theils auch weil denn doch in späterer Zeit diese religiösen Szenen nicht mit entsprechender Würde dargestellt wurden, eingegangen ist. Der Hirte kommt eben von dem Stalle bei Bethlehem zurück, und erzählt seinen Genossen, was er gesehen)

ei wird nicht wie ai, sondern wie ej gelesen.

Och, Freide über Freide!
Ihr Nuppern, kummt herain,
Wos dou uf unser Weide
Fer Wunderdinge sain;
Es kwom douhar ei Engel
Bai holder Mitternacht,
Ar song ei schüns Gesängl,
Doß 's Harze hout gelacht.

„Ar sang wull: Freit euch olla,
Ei Wunder is geschahn,
Zu Bethlahem an Stolla
Ward't ihr 'n Hailand sahn.
De Krippe is sai Betta,
Loft olle nach Bethlahem."
Und os ar nou su red'ta,
Dou flug ar wieder hem.

Ich thot nie lange säumen,
Und luß de Schoufa stiehn,
Ich kruch hortch [1]) hinter 'n Zäumen
Bis ai dan Urt douhin.
Ich wor kamt zwei Gewände,
A jedes gob en Strohl,
Es nohm ju gor kei Ende,
Und wies mer on dan Stol.

Und wie ich 'non bin kummen,
Dou soh ich's Wunderkind;
Ho 'n Hut glai 'runder g'nummen;
Dos wor euch eine Schienht.
Ich buckt mich uf de Saita,
Und guckt a klei Wing [2]) nai,
Dou soh ich a Poor Leuta
Und o ei Kind derbai.

---

[1]) hurtig, [2]) ein klein wenig.

De Mutter stond dernaben
Dos ho ich gut gesahn,
Se hätte wul ihr Laben
Glai fer dos Kinderlain gahn.
Dort drüben uf der Seita
Dou stond ei alder Mon,
Ar nickte mit san Heita [1])
Und hatte dos Kinderlai on.

Ar harzt's oll Augenblicka,
Bald lejt ars wieder hin,
Ar thot ju mit dan Kinda
Gor unersaglich schien.
Es hott' kei Pläutzl [2]) Betta,
Log uf en Wischl Struh,
Dos Kindl is su netta.
Kei Mouler brett's [3]) a su.

Es hotte ei Poor Wängel,
Os wenn 's zwei Röslein wär'n,
Ei Mäulchl wie ei Engel,
Zwei Äuglein wie zwe Stern;

---

[1]) Heet, Haupt (Heetman, engl. het), Krautheitl (Krauthäuptl, Salathäuptl). [2]) Pläutzl von Planze, Benennung für Lunge, Form und Weichheit dürften die Ähnlichkeit mit: ein Stück Betten. [3]) kein Mahler bereitet es, breit's.

E Köppel wie e Täubl,
Kei Röckl hott es on,
Es hotte o kei Häubl,
An Fuß kei Strümpl dron.

Ich bucht nu ai man Sinnen:
Dos Kindl ständ' mer on,
Und wenn ich's könnt gewinnen,
Zwe Schafl wougt ich dron.
Maine Sprouch is zu geringe,
Ich kon nie Olles soon,
Gieht salber, saht die Dinge
Ai Bethlahem euch on.

Wenn ihr nu salbst ward rennen
Bis ai dan Stol dorthin,
Dou ward't ers wul derkennen,
Doß ich kei Lügner bin.
Bai meinen grauen Hooren
So ich, es is su wuhr,
Gieht hin, ihr ward't 's derfohren,
's trifft olles uf ei Hur. [1])

(Verfasser unbekannt.)

(Man sagt, das ganze Hirtenspiel habe ein ehemaliger Augustinerpfarrer von Leipa gedichtet.)

[1]) Haar.

Der Tetschner Schiefsmon.

(Im Tetschner Dialekte.)

(Um Leitmeritz, Melnik, Tetschen, Aussig, Schandau hat mancher Bauer eine oder mehrere Zillen, kleinere Flußschiffe, auf welchen er das Getreide ein- oder ausführt. Obgenannte Orte an der Elbe sind besondere Stapelplätze für den böhmischen Getreidehandel.)

e und a sind rein, ei wie e j zu lesen.

Os ich vu drinten ruf d'macht bi, [1])
 Begehnt mer Nazens Jörche,
Ar fröjte mich: „Wu gitter [2]) hie?"
 Ich söjte: „Ais Deberche [3])
Ich weeß a Scheffl a zahne Karn
 Praißmaßich dort zu kriechn;
's eis nei grod 's Best. 's is a kei Schmarn,
 Ward's nenbe [4]) besser liechn."

---

[1]) Als ich von brunten herauf gereist bin, das: Ich bin gemacht, wird immer gebraucht für ich bin gereist.
[2]) geht ihr. [3]) Gebirge. [4]) nirgends.

Ar söjte: „Keest kei Karn mei ai,
Ihr wißt ju, wie 's euch gieht,
's Gald verliert er dwiß derbai,
Wenn's verzen Tache stieht.
O mennt err denn, 's is Nuth üms Karn?
Dou is 'n dnug zu kriegn,
Es ward 'n ellein ban Tetschner Pfarn
E' Scheffl a verzich liegn."

Da Weetz [1]), dar is ju dwachsen sehr,
's gäb's 'n zweeerlein,
Ich hätt' s'n wu, und dochte mer,
Ar is su schien und rein.
Ich hotte su elf Scheffel stiehn,
Wor wie ei guldner Strahn;
Ich gobs üm verzen Gilden hin,
Mecht mich ai d' Agen haan. [2])

De Garschte gieht a nende hie,
Ma mecht sich wu derdrehn.
Ich hott' er, und ich buchte schun,
Se is su schien und reen:
Ich ließ se og en Tag non stiehn,
Verlur ocht Biem [3]) derbai.
Nu warf ich schun ols minander [4]) hin
De ganze Lumperai.

---

[1]) Weizen. [2]) in die Augen hauen. [3]) Biem heißt Groschen, d. h. ein Groschen W. W., so auch Zweibiemer.
[4]) mit einander.

Sist [1]) wemmer drinten ruf kumm say,
    Gings flugs gor andersch zu,
Deholberzwelfert mußte sain;
    's is gor nimmei e su.
Mai D'scherre [2]) werd uu a verkeist,
    's kon nimmei andersch sain,
Und wenn de Zait nei besser leift,
    Mag 'ch nimmei Schiefmon seyn.

(Verfasser unbekannt.)

---

[1]) Sonst. [2]) Geschirre.

„Ei, das ist wunderlich!“

(Im Leiper Dialekte.)

Ei Bauer fuhr mit Hulza rüm,
Ei Bäcke kooft's und zohlt's glai aus.
Doch wurd' dos Ding fer 'n Bauer schlimm.
Dar wußt nie Bäckens Haus.
Ver Sorg verging 'n o 's Mittichassen,
Ar hott o Bäckens Nom vergassen.

Ar fuhr nu rüm hott' und tschihi
Und wor ai tausend Ängsten,
Dou kom ar zun Gymnasie hie,
Glai hult ar mit san Hengsten.
Und froute glai üm Bäckens Nom
Die Studenten, die aus der Schule kom'n.

„Den kennen wir, mein Lieber, nicht,“
Su sprochen die Schwerakeu,
Sie machten derzu ei Schelmgesicht,
Und duchten uf Spaß und Schnaken.
„Doch fraget beim Professor Krach,
Der schlägt im großen Buche nach,

De Flügel, die bedeuten Schutz.
Dan kon mer immer finden,
ar bitt schun unsen Feinden Trutz,
wenn sie 'n Frieden künden.

Der Orme, dar verlussen flennt,
ei Kummer und ei Sorgen,
wonn ar sich og a'n Kaiser wend't,
ich wejß, ar ist geborgen.

Denn tejlt nie unse Kaiserhaus
viel Tausend, Tausend Gülden
og ei eu ejnzchen Juhre aus
an Leute, die onhielden?

Der Odler trejt ej schorfes Schwert,
En Zepter o dernaben
zum Schutz für dan, dar sich beschwert,
zu schützen Gut und Laben.

Dar Zepter ruft 'n Guden zu:
Mei Freund, lab ohne Sorgen,
ich schütz' dei Recht und deine Ruh,
bei mir bist du geborgen.

Die Kugel mit 'n Kreuzel dran
is zu bedeutungsreich,
was will denn die wul andersch sohn,
os: Ej ejn'ches Ejsterreich.

Jo jitz' is hübsch, jitz is erscht racht,
Jitz kan 's Glück nimmej wanken;
De Liebe hout ai jeder Tracht
bei uns jitz nimmerj Schranken.

's Schienst' an Odler aber is
's Länderwoppenband:
Der Kaiser trejt, das is gewiß,
An Herzu jedes Land.

Sah ich mer 'n Kaiserodler an,
dau hob'' ich immer Frejde!
Nu häng ich o en Wunsch nou dran,
en Wunsch nun zum Gelejte.

Dar Odler bleibe frisch und jung
mit san zwej Krüneln stiehn,
und for en jeden Flügelschwung
Sull'n Gottes Sejgen blühn.

Und söllde sich ej Feind derkühn.
'n Odler zu bekriegen,
kümmt o der bühmsche Lejve hin
und hilft 'n Odler siegen.

Drum Odler troh 'n Woppenkranz,
der Löv' wird treulich wachen,
und wird 'n Feind vun Kaiser Franz
gewaltig n' Voraus machen.

Jarisch.

Oestreichs Landkarte.

Hotter schun ejmul de Karte betracht
vu Oestreichs Ländern und Stäjdten.
Dou sieht mar, wie sich mit gewaltiger Macht
Die Länder und Völker ausbrejten.
Wie sieht se denn aus? Ich so's euch vuron,
Die Karte sieht grad os wie ej Lejve sich an.

Nu, nahmt se og jitz nou ejmoul zur Hand,
ich ward' euch die Sache derklären!
Der Koup vun Lejven is Bühmerland,
der Hals derzune is Mähren; —
an Kuppe wount immer der klore Verstand,
Dan find't mer ai Mähren- und Böhmerland.

Der Leib mid'n Mag'n und Labenssaft.
dar is dos fruchtreiche Ungern,
dos Nahrung ei alle Länder hinschafft;
das läßt uns gewiß nie derhungern.
Vu dorthar krieg'n mer Getrejde und Brut
und Weine und Flejsch und Fische zur Nut.

Nu werd üch wetter 's steiersche Land
os de Brust von Lejven erweisen,
da wount ju das Vulk mit der tapfern Hand,
's Vulk mit'n Panzer vu Eisen.
Mid'n Steirer tritt nu zun Heldenverein
durch Treue und Tapferkejt Kärnthen und Krain.

Wu sein denn de Totzen? — Gor leicht zu derroten,
mer derf og de Karte racht ordentlich besahn.
De treuen Tyrouler, de tapfern Krowoten —
kons bessere Totzen fer'n Lejven wul gan?
Schlowoken, Krowoten, Dolmazchen, Tyroul,
die siegen, wenn 's lusgieht, wul ollemoul.

De ejne — Dalmazchen — die lässt er jitz hang,
der Lejve braucht se jetz nie; —
doch lußt og Krieg oder Rebellion anfang,
dou hejbt ar se flugs gewaltig ai de Hieb! —
Die zwejte liegt geballt uf Welschland mit Macht,
Worüm denn? — I nu! Se han halt de Korte nie
andersch gemacht.

Os de Hinterpfuten muß mer sich halt
Siebenbürgen und de Militärgrenze denken;
'n Schwanz thut der Lejve mit Kraft und Gewalt
üms tapfere Poulenland schwenken.
Schlejsing und Krakau — schau der'sch racht on —
die sein de Zieroten und Quosten doron.

De Karpaten, die sein an Leibe de Knuchen,
Mid'n Olpen, Erz= und Riesengebirge,
die hont 'n Lejvn kej Mensch non zerbruchen.
Nie der Franzouse, der Preuße und o nie der Türke.
De Oudern, dos sein, betrachts og genau —
de Wasser, de Elbe, de Theiß, de Donau.

Und 's Harze? 's Harze, wu warn mer dos finden?
Nu guck og uf Niederöstreich und uf Wien! —
Dos is ju ferwohr nie schwer zu dergründen!
Jo 's Herze vun Lejven is Wien.
Dort wohnt unser Kaiser ei Liebe su reich,
Dou wount Ar, de Seele vu Oesterreich.

Vu Wiens ei Oestreich kümmt's Laben und Blut
an ganzen Lejvinleib nei,
von Harze kommt Liebe und Frejde und Muth,
Vertrauen und kindliche Treu.
drüm is o der Lejve vull Laben und Muth;
denn aus'n Harz kümmt i mer frisches Blut.

Nu frou ich bescheidentlich: Hob ich nie Racht?
En Lejven is Oesterreich gleich,
en Lejven mit Muth und mit Kraft und mit Macht,
an topfern Völkern su reich.
Und alle bilden an schiensten Verein,
en ejnzichen Leib, su muß's o wul sein.

Und drinne schlägt ei der tapferen Brust
ej gesundes liebreiches Harze,
es schlou su fort ei Frejde und Lust,
und frei vu Lejde und Schmarze.
O thät's og lange, lange su schlon,
Do is der ganze Lejve gar glücklich drou.

Jarisch.

Der Kaiser.

Ihr Nuppern, ich so's euch, wir künn uns wul prol'n
mit unsen grundgütichen Kaiser,
und garne de Steuern und Obgoben zohln,
mer zohl'n se ju unsrn Vater, 'n Kaiser.
En sichen Kaiser, mer muß'n og sahn,
dan hout unser Harrgout in Gnoden uns gan.

Ihr wißt's, ich mache gar ufte uf Wien,
wul a vier= bis fünfmoul su ai en Juhre;
ich thu de Wiener Massen beziehn,
verkejf dou moich rachtschaffene Fuhre.
Ich könnt oich manch's so'n, was de Leute dou treib'n,
Doch hoita wi ich moiches vun Kaiser beschreib'n.

Ei Pater ging kegn Prater moul hin
mit unsen houchwerdigsten Gutte,
u Moicher thote wul niederknien
und Moicher rückt kamt ei san Hutte,
dou quom o der Kaiser — an Wone sechs Schimmel —
Ar sog vu weiten schun 'n Pater und 'n Himmel.

Glei blieb de Kutsche mit 'n Pfaren stieh'n,
dou stieg, wos wat ihr Ruppern wul sohn,
Der Kaiser glei ob, und that niederknien
und batte 's Hochwerdigste on.
Das müßt er og sohn, sek watter'sch verstiehn,
daß dou en de Ogen glei übergiehn.

Ei andermul stond'ch uf'n grußen Klassie,
besog mer dou 's Exerzieru,
dou stand o der Won de Frau Erzherzogin Sofie,
Generäle zu Pfarde mit'n Offezieren:
Nou eb der Kaiser de Generale gegrüßt,
hout Ar Sanner Fro Mutter de Hand geküßt.

Jo wißt's, wie Franz Jusef 'n Thrun hout bestiegen,
sek gob's gor schräckliche Zeiten,
de Rebellion, die mußt' Ar besiegen,
de Herrschoft sich ollerscht erstreiten.
Zu Tausenden hotte Ar gegn sich stiehn! —
Und doch hout Ar oll'n schun lange — verzieh'n! —

Was wor'n sach fer Zeiten, 's log olles dernieder,
und wie sieht's haite wul aus?
Ar derbaute uns aus dan ahlen Geplüder
ä naies und ä gar prächtiches Haus.
Jo hout uns ne Franz Jusef, ai e Juhren e zahn
Ä ganz noies blühendes Voterland gan? —

Ar sitzt ai der Burg bei der Nacht non üm Ses
und liest de Acten und Schriften
und sorgt fer de Leute, Ar will ju, Gout weeß,
og Gutes — 's Beste og stiften.
Und wenn Ar o reest, Ar günnt sich kejne Ruh',
Sek schick'n 's 'n de Acten non stußweise zu.

Ar giebt ei de Spitejler, zu'n Kranken gor nei,
besichticht de Aemter und Länder,
sich' Rejsen is wull keine Spielerei! —
und 's Grüßte wie 's Klenste, dos kennt' er.
Jo, en wohren Voter des Voterland's
Dan hommer ei unser Kaiser Franz.

Nu' sabt' er'sch, ihr Nuppern, mer känn' uns wul rühm'
mit unsen vurträflichen Kaiser,
und frejdich fer Ihn 's Vulkslied ostimm',
und baten und laben fer'n Kaiser:
„Erhald' uns 'n Voter des Voterlands,
„Erhald' uns, o Gout, unsen Kaiser Franz!

„Und luss' 's 'n racht gut und glücklich gieh'n,
„Erhald'n og lange ban Laben,
„Jo, Ihn und de liebliche Kaiserin
„süll'n Gottes Engel umschwaben!“
Sein Sie ei Glück und Segen reich,
Dou is ju o glücklich ganz Oesterreich.

Jarisch.

Wie 's ei Wiena zugieht.

Ihr müßt eg emoul uf Wiena kumm' —
ich wor dort ver e Wuchen e vieren —
dou werd' mer ordentlich dam'sch und tumm
Ver lauter Sah'n und Hüren.
Ihr künnt mer 'sch glejben, bei manner Ehr'
Dos Wiena is ej ord'ntliches Häusermeer.

'n ürsten Tag schun kriegt mer 'sch sot
dos ejwge Rümgefackel,
es is ei enner sichen Stoat
ej sakrisches Spectakel!
Dos Renn', dos Lofen und dos Fohr'n,
dos macht er Fremden fost zu'n Norr'n.

De Jägerzeidl uf und ob
gieh'n Leute, suwie Wahne
'n ganzen Tag an vulen Tropp,
os wie bei uns an Rane,
und wemmer nie racht oubacht giebt,
dou werd mer hin und har geschippt.

Uf jeder Gosse, dos is rar,
is Plotz fer Wan' und Leute;
dan enn, dan hejßen se 's Trotterar,
uf dan dou giehn de Leute;
Ei der Mittelst thut der Wonwag giehn,
dou fohr'n de Wane har und hin.

Und Kaufmonnsläden giebt's ei Wiene!
's stüßt enner durt am 'n andern,
und Sachen han so gor su schiene,
's luhnt dou wul 's rümwandern.
's kümmt en für, bei manner Ehr',
ob es dou immer Jurmert wär'.

Und erscht bei Nacht, dou söllt er 'sch sah'n,
wenn drinne de Gas thut brenn',
's kon uf der Walt nischt schieners gan,
dou is Wiene nie zun kenn'.
Ei der Nacht is größer jedes Haus,
die Loden sah'n viel schinner aus.

Ich dachte: Wie mit der Lodenpracht
söllt's mit'n Harze sein,
das söllde halt o bei Tag und Nacht
racht schleue, rejne sein! —
O mai! dou gäb's wul ein' hallen Spaß,
wenn Enner derfände ei Harzensgas.

Ich glejbe, dou wär sch ümgekehrt
mit Harzen und mit 'n Loden;
denn maicher, dan mer gor huch verehrt',
könnte dou er 's Bach geroten.
Auswendig ziert 'n wul olle Pracht,
inwendig ober is finstere Nacht.

Ich ließ mer o das Wunderding
'n alden „Stock im Eisen“ —
ich glejb, ar stieht uf'n Stefansring
von Vetter Michel weisen.
Wos soh ich dou? En alden Bom,
Dan hon se vuller Zwacken beschlou.

Uf dan klena Plotze [1]) is Babylon!
das luß ich mir nie nahm'.
Dou rullt's ei en fort Won ai Won,
mer kon nie hör'n, nie sah'n!
Dou muß mer racht zu lofen wissen,
sunst, wupp dich, wird mer ümgerissen.

'n Groben und 'n Koulmorkt nuf,
dou kriegt mer 'sch Laben sot,
dou hört's Gerenne gor nie uf,
und, was dou Eaner sot
vu dann verstieht kei Mensch ej Wort.
Mer mußt dou schrei'a wie holö vernorrt.

---

[1]) Stock im Eisen-Platz.

So ging mer fort, ich wor schun drehnde
und kunnt' bald nimmej stiehn,
dou wor ej grußes Haus ei der Nähnde,
„Dou nei müss'n mer eo noch gieh'n."
Su soht der Vetter, und ich ging
mit ihm fort über en grußen Ring.

Dou wor grode Musiche, Wachparade,
Herr Himmel, worn dou Leute!
Dou hult ich mich gewaltich state
und trot hübsch uf den Seite;
denn war sich dou nie gut auskennt,
dar werd wul zahnmoul ümgerennt.

„Nu weßt's denn, Tounl, wu mer stiehn,"
su frout mich Vetter Peter.
„Guck og nuf, do wount der Kaiser drin!"
„„Is dos de Burg, Herr Vetter?"" —
Ver Schrecken ho 'ch 'n fortgezerrt,
Ich duchte, dou werd mer eigesperrt.

Wie ich nu sag, de Leute stiehn
an Kaiserhause drinne,
und fohr'n und giehn su har und hin,
dou ducht ich ei man Sinne —
und 's brach mer schun der Flenner aus —
„Is nie de Burg wie ei Voterhaus?"

Bei uns, wammer wöllde am Schlousspark giehn,
dou könnd' mer recht anlotschen,
der Gärtnerjunge hieß en glei ziehn,
dou derf mer nie rümpotschen.
Ei Wiene geht mer ei und aus
os wie der hejam durchs Kaiserhaus.

Is dos ej Schlouß. De Fanster kon
kej Mensch zusamm'nzähl'n,
ej Schlouß stießt dou eis and're dron
mit Zimmern und mit Säl'n,
Und mitt'n ei dan Schlösserkranz
stieht die Statue vun Kaiser Franz.

Nu ging mer ei der Burg ejne Stiege auf,
ich traut mich nie aufzutraten;
dou machte der Vetter eine Kirche uf,
ei dar der Kaiser thut baten.
Mer batten dou o uf unsen Knieen
fer 'n Kaiser und fer de Kaiserin.

Ober wie mer dou zu Muthe wor,
dos kon ich nie beschreiben;
mir stieg kegn Berge jedes Hoor,
der Ouden wullt stecken bleiben.
Rechts uben soh ich de Kaiserzelle
ganz ban Alture ei der Burgkapelle

Nu ging mer über'n Josefsring [1])
eis Materalchenkabenejt,
dou soh ich erst mei Wunderding,
dou sein Dinge ausgelejt.
Ausgestuppte Bare, Vougel, Offen,
dou könnte mer sich schier vergoffen

Und Stejne, nej, gor wunderschiene,
Vu ollen Forben sicht mer stieh'n,
geflackte, rute, gelbe, grüne,
poor Stunden komer dou rümgieh'n,
wommer olles will racht ordentlich sah'n.
Doch derf mer dou kej Trankgald gah'n.

Nu stellte sich der Hunger ei,
und dorschten thot mich o,
mir ging eis nächste Wertshaus nei.
Nu hört, wos dou ich soh.
Dou stond'n ei e poor Zimmern rüm
die Tische mit Leuten üm und üm

Kotz Sackermichl, is Hererei?
Wie bin ich dou derschrucken.
Ich guckte bai en Fanster nei,
und soh mich salber rausgucken.
Der Vetter, dar saß doch naben mir,
und trank o dort drinne seine Holbe Bier.

---

[1]) In Deutschböhmen nennt man jeden größeren Marktplatz Ring: der Altstädter Ring, der Kleinseitner Ring — oder auch Markt.

Dos Ding, das ließ mer kejne Ruh',
ich guckte wieder nei,
do soh ich mit an Ruck und Nu
die alde Hexerei.
Endlich sohte der Vetter mein,
Daß das og Spiegelfanster sein.

Ich duchte, dou künn 'so leicht ei Wien
stott enn vier Zimmer hon,
mer macht halt og ei de Wände hin
poor Spiegelfanster dron.
Doß möcht' ich ober dou nou wissen,
ob se fer die o Zins zohlen müssen

Der Vetter ließ'n Zejdel gan
und schoffte on zu assen;
ar sohte, ich söllt mer wos aussah'n
und söllt 'n Zejdl lasen.
Der Guckuck brengt zusomm die Schrift,
die og ej Wiener Kellner trifft.

Ich bugstabierte har und hin,
was sullt ich denn dou thun;
dou soh ich ober deutlich stieh'n:
„Um sechs Kreuzer ungarisches Rebhuhn."
Der Vetter bestellt's, ei en klen Bissel
kom's, wos wor'sch? Kalde Schüssel.

Zu assen giebt's dou ollerhand,
die Kellner künn's Bedien!
zehn Taller brucht' enner ei enner Hand,
und stellt en Jeden san hin;
auswendig wußt' ar harzusoh'n
fer jeden Gast de Porzion.

Ej and'rer trug ei jeder Hand
wul sieben Gläser Bier,
dos überstieg gor man Verstand,
dos sein ju Riesen schier.
Noch'n Assen wullte zohl'n der Vetter,
ar rief den Kellner: „Gleich," sprach e jeder,

und rannte fort wie angeschussen,
und kenner nohm ei Gald:
dos hout mich ord'ntlich schun verdrussen,
'n Vetter o, dar brummte bald.
Ich duchte, sie wann halt uf de Zeche sah'n,
und 'n Vetter druf de Rechnung gan.

Dar Kellner kom: Was haben Sie?
su frout ar 'n Vetter druf,
dar keckert's raus mit oller Müh',
nu schrieb der Kellner de Zeche uf.
Ein Wiene muß jeder salber soh'n,
wos ihm der Kellner hout ufgetroh'n.

Ich sohte: Oho, ihr Wiener Weisen,
dou seid Ihr schiene d'ron,
dou konu euch, war euch will, bescheißen,
ar braucht halt og nie oll's zu soh'n.
Jo, sorgt euch nie, jed' Stückl Brut
weiß jeder Kellner gor zu gut.

Nu ging'n mer fort. Ich frejt mich schun,
's wird Ruh' sein, denn es wor zwej Uhr!
Se warn doch wul üm Mittich ruh'n!
Och dou wor kejne Spur.
Olle rannten nou har und hin!
Wenn mügen se denn zu'n Assen gieh'n?

Und war dou fährt und war dou gieht,
Ist prächtich ufgeputzt
os wie an Sunntiche. Wan mer sieht,
is noubel zugestutzt.
Ich dächte, wenn olle spozieren gieh'n,
war mog denn arb'ten dou ei Wien.

Nu kom mar uf'n Stefansplotz,
dou is immer Wind und Sturm;
dou stand vor uns der gruße Schotz,
der alde Stefansthurm.
War dan will bis zur Spitze sah'n,
dar muß sich glei eis Haus oulah'n.

Ich stellte mich hübisch nounde hin,
ihn ord'ntlich anzublicken,
dou muß mer vber feste stieh'n.
Wums, lag ich uf'n Rücken,
und guckt mer ord'ntlich ei de Hieh,
dou thut en Kreuz und Nacken wieh.

Ich könnde nou gor viel beschreiben
vu Lerchenfeld und vu Schönbrunn,
doch ward' ich's derweile lussen bleib'n,
de Fader mog jetz wieder ruh'n.
Wie mer oubens sein ei's Wirtshaus kumm,
dou wor ich müde, dam'sch und tumm.

's is schiene ei der Kaiserstoodt
mar konn denn das bestreiten?
doch wenn mer'sch emoul hindern Rücken hat,
dou kommen'sch wul derleiden.
Jo, glejbt mer'sch, Ruppern, ganz gewies,
mer is fruh, wemmer wieder derhejme is.

Ei unsen Dorfe derhejme kennt
ej Ruppersmon 'n andern,
ei Wiener olles durchenander rennt,
dos is a ew'ches Wandern.
Dou schiert sich enner üm 'n andern nie,
so renn wie Fremde og har und hie.

Drüm — is o Wiene nou su schiene,
Mei Dorf is mir doch lieber,
ich kumm' euch nimmej naher Wiene,
ich wett' en Rosenstieber.
Und — kumm ich ju emoul wieder 'naus,
Dou — — brangt mich wul glei kej Mensch mej — — raus.

Jarisch.

Der Schuljunge.

Der Lehrer rief 'n Seffl uf,
und hieß'n bugstebieren!
„Lej seine hübsch'n Finger druf,
sonst könntst' de 's Wurt verlieren."
Der Seffl mannelt sich el de Hieb',
und bugstebiert mit oller Müh':
„R—e—ch—t—racht! — Schlacht!"
Gefahlt, gefahlt, su is nie racht,
konnst 's denn gor nie kapieren?
Mußt besser bugstebieren!"
Der Seffl giebt jitz orndtlich Acht
und bugstebiert: „R—e—ch—t—racht"!
„Gefahlt, du Sappermichl, gieb hübsch acht.
Su mußt de 's bugstebieren:
R—e—ch—t recht — su is racht.
Nu, bugstebier' das and're Wurt,
lej' hübsch 'n Finger druf,
verlier' mer seine nie 'n Urt
und poss' hübsch orndtlich uf."

Der Seffl zeigt und bugstebiert:
„H—e—i—ß“ — os wie geschmiert,
„Na nu, sprich's aus, wie heeßt's?
Sog's har!“ „H—e—i—ß heeß!“ —
„Su is nie racht, ich ducht', du weeßt's!
Heeß heeßt's nie, „haiß“ heeßt's.“

Jarisch.

Der Hamprichspursche.

(Aus dem Hochdeutschen übertragen.)

Jitz hob ich nu de Stoodt verlussen,
wu ich gehot zu maiche Frejd',
's hout kenn Menschen nie verdrussen,
kej Mensch gibt heute mir's Gelejt.

Sie hon mer nie 'n Frack zerrissen,
es wär' o schade um's neue Klejd,
kej Mensch hout mich an Backen gebissen
vor übergrußen Harzelejd.

's hout o Niemanden 'n Schlouf vertrieben,
doß ich nu jitzund wetter gieh'. —
J! se kunndens halden no Belieben: —
Vun Mannl ober thut mer 'sch wieh.

Mei Wunsch.

(Im Leiper Dialekte.)

Jich ho og enn ejnzichen Wunsch uf der Walt,
's s wing und viel, wos ich begehre:
's is nie ende Reichthum, gut Laben oder Gald,
s is o nie end Grußthun und Ehre;
's is wos, wenn Jedweden dos is beschieden,
Dou houd er genung, dou is er zufrieden.
Dou kann er Olles verschmarzen
Mit ruhichen Harzen.

Ich wünsch mer kenn Reichthum, ich wünsch mer kej Geld,
Wos hout mer dermit? Nischt os Sorgen,
Doß 's de Diebe nie stahlen, doß 's de Lascha nie fällt,
Doß de Leuta o zohln, die 's borgen.

Uiber die geizichen Filze ho ich uft schun gelacht.
Ich ho halt gesahn, daß Gald nie glücklich macht.
Dos konn ich verschmarzen
Mit ruhichen Harzen.

Mit 'n guden Laben kümmt o gor nischt 'raus,
Gut Assen und Trinken macht krank;
Bald is mit 'n Tofeln und Gutschmecken aus;
Die Gutschmecker laben nie lang'.
Maicher, dar gut hout gegassen und gesuffen,
Dan hout bai Zaiten der Schlag getruffen.
Dos kon ich verschmarzen
Mit ruhichen Harzen.

Mit Grußthun und Ehre, don gieht mer gor wag.
Dou hejßts: Viel Ehre, viel Schmaichler!
Hindern Rücken lussen die en ken guden Flak,
Die ais Gesichte en louben, die Heuchler! —
Ersch't honnse maichen über de Wulken gehoben,
Dernou ließen sie 'n folln, patsch, log er an Groben.
Dos kon ich verschmarzen
Mit ruhichen Harzen.

Mit Freundschoft und Liebe is gor e forjous Ding,
Die Lieb is gestorben, de Freundschoft verrejst.
Ufrichtiche Freunde giebt's heute gor wing,
Die Liebe is grod wie verwejst!

Und denkt mer, mer hout en Freud emoul gewählt,
Dou mog mer sich hütten, sunst is mer geprellt.
Dos kon ich verschmarzen
Mit ruhigen Harzen.

Wos ich mer thu wünschen, dos, dos is dos Beste.
's is viel und wing, wos ich begehre,
Ober gut is, und dauerhofft, dos hält feste,
Nie Reichthum, gut Laben, nie Ehre.
Dos olles is nie, ich ho's gut überlejt,
's Beste uf der Walt is — Zufriedenhejt.

Wenn der Mensch zufrieden is,
Schmeckt'n o der Essich süß.
Wünscht er sich ju uf der Walt
Reichthum nie, nie Ehr', nie Gald;
Schmeckt'n o sai treiges Brud
Wie ei fetter Brouten gut.
Is sai Harze sündenrejne,
Sai de Stube nou su klejne,
Und sai Röckl nou su alt,
Nou su folsch die diese Walt,
Sieht ar ruhig nuf zun Himmel,
Spricht ban bunten Waltgetümel:
Gout sai Dank, ich bin zufrieden
Mit dan, wos mer is beschieden,
Bleibt mer Gout der Voter gut,
Stieh ich unter sanner Huth,

Mog ich o durch Dörner giehn,
Sah ich dennoch Rusen blühn.

Drüm so ich, ihr Leute, ich ho's gut überlejt,
's giebt nischt Bessers uf der Walt, os — Zufriedenhejt.

Jarisch.

Inhalt.

Seite

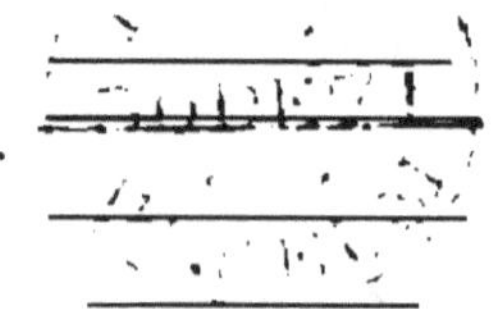

www.ingramcontent.com/pod-product-compliance
Lightning Source LLC
Chambersburg PA
CBHW030613270326
41927CB00007B/1158

9783337320652